essentials

essentials liefern aktuelles Wissen in konzentrierter Form. Die Essenz dessen, worauf es als „State-of-the-Art" in der gegenwärtigen Fachdiskussion oder in der Praxis ankommt. *essentials* informieren schnell, unkompliziert und verständlich

- als Einführung in ein aktuelles Thema aus Ihrem Fachgebiet
- als Einstieg in ein für Sie noch unbekanntes Themenfeld
- als Einblick, um zum Thema mitreden zu können

Die Bücher in elektronischer und gedruckter Form bringen das Expertenwissen von Springer-Fachautoren kompakt zur Darstellung. Sie sind besonders für die Nutzung als eBook auf Tablet-PCs, eBook-Readern und Smartphones geeignet. *essentials:* Wissensbausteine aus den Wirtschafts-, Sozial- und Geisteswissenschaften, aus Technik und Naturwissenschaften sowie aus Medizin, Psychologie und Gesundheitsberufen. Von renommierten Autoren aller Springer-Verlagsmarken.

Weitere Bände in der Reihe http://www.springer.com/series/13088

Ronald Deckert

Digitalisierung und nachhaltige Entwicklung

Vernetzt Denken, Fühlen und Handeln für unsere Zukunft

2. Auflage

Ronald Deckert
Hamburger Fern-Hochschule
Hamburg, Deutschland

ISSN 2197-6708   ISSN 2197-6716   (electronic)
essentials
ISBN 978-3-658-30584-0   ISBN 978-3-658-30585-7   (eBook)
https://doi.org/10.1007/978-3-658-30585-7

Die Deutsche Nationalbibliothek verzeichnet diese Publikation in der Deutschen Nationalbibliografie; detaillierte bibliografische Daten sind im Internet über http://dnb.d-nb.de abrufbar.

Planung/Lektorat: Isabella Hanser
Springer Gabler ist ein Imprint der eingetragenen Gesellschaft Springer Fachmedien Wiesbaden GmbH und ist ein Teil von Springer Nature.
Die Anschrift der Gesellschaft ist: Abraham-Lincoln-Str. 46, 65189 Wiesbaden, Germany

Was Sie in diesem *essential* finden können

- Komprimiertes Überblickswissen zu Digitalisierung und nachhaltiger Entwicklung
- Grundzüge Strategischer Mensch-Maschine-Partnerschaft
- Ausgewählte Zusammenhänge zu lebenslangem und lebensweitem Lernen
- Fokussierte Gedanken zu zukünftiger Exzellenz in Lehre und Lernen
- Überlegungen zur Bedeutung von Vernetzung für Natur, Individuen und Gesellschaft

Vorwort

Tagtäglich umgeben uns Ereignisse, Erlebnisse und Einsichten sowohl rund um Digitalisierung wie auch rund um die Notwendigkeiten einer nachhaltigen Entwicklung unseres Lebensraums Planet Erde. Heute ist es dringend geboten, den hiermit verbundenen Herausforderungen durch vernetztes *Denken, Fühlen* und *Handeln* zu begegnen, denn keines von diesen allein ist letztlich sinnstiftend veränderungswirksam.

Interdisziplinäres Zusammenwirken ist erforderlich, das Menschen verbindet und teilhaben lässt, die sich ihrer Stärken sowie ihrer Eignung und Neigung bewusst sind und die diese nachdrücklich und stetig weiter erkunden und wirksam werden lassen möchten. Hierbei entsteht Zukunft aus Vielfalt heraus und Lernen erfolgt zunehmend vernetzt und vernetzend zwischen Menschen mit hoher Wertschätzung dafür, immer wieder aufs Neue bei sich anzukommen und mit Veränderungen immer wieder neu bei sich zu beginnen.

Meinem sich wieder und wieder aufs Neue bestätigenden Eindruck nach spüren viele Menschen, dass grundlegende Veränderungen vor uns liegen. Ein eindrückliches Erlebnis war ein Vortrag von mir an der hochschule 21 in Buxtehude südlich der Elbe im Jahr 2019 zum Thema „Digitalisierung und gesellschaftlicher Wandel", in dem ich im Kontext einer Verknüpfung von Digitalisierung und nachhaltiger Entwicklung insbesondere über die Stärkenthese sprach. Die Diskussion am Ende des Vortrages löste sich einfach nicht von selber auf. Auch wenn vereinzelt Zuhörer gingen, blieb der weit überwiegende Teil der Menschen einfach sitzen und es wurde eine Frage nach der anderen gestellt und diskutiert. Es herrschte meinem Eindruck nach großer Bedarf für orientierendes Wissen und für Aufbruch in Richtung einer Verbesserung der Verhältnisse und unserer Zukunftsaussichten. Meine Botschaft ist und war auch hier: Es fängt bei einem selber an und dies insbesondere bei der persönlichen Entfaltung in

Gemeinschaft und bei den eigenen Stärken. Darin, hier den bestmöglichen persönlichen Beitrag für das Große und Ganze zu leisten, liegt meines Erachtens eine nicht ablegbare Verantwortung jedes einzelnen von uns. Es spricht wenig dagegen, auch zu genießen, aber es spricht viel dagegen, dies maßlos zu tun. Ich wünsche uns allen gemeinsam und jedem einzelnen von uns die Kraft, dieser großen Verantwortung wirklich gerecht zu werden; und dies auch bei vielen uns Menschen täglich umgebenden mitunter zeitfressenden und verführerischen Belanglosigkeiten.

Mit der zweiten Auflage erfolgte eine Aktualisierung – insbesondere dazu, was Menschen aus der Coronavirus-Krise für eine nachhaltige Entwicklung lernen können, – und es wurden zudem wenige Fehler behoben.

An dieser Stelle danke ich Euch allen in meinem Umfeld, die Ihr Eure Fähigkeit auf Euer Herz zu hören für andere und für das Große und Ganze einsetzt. Hört nicht auf damit und macht anderen Menschen immer wieder Mut dazu, es Euch gleich zu tun!

Prof. Dr. Ronald Deckert

Inhaltsverzeichnis

Einleitung 1

Wir Menschen bringen – Hüther (2011) folgend – aus dem Mutterleib vor allem zwei Erfahrungen mit auf diese Welt: **verbunden zu sein** und **zu wachsen.** Beides kann in unserem Leben – gerade auch im Kontext der Entwicklungen rund um Digitalisierung – durch **„persönliche Entfaltung in Gemeinschaft"** (Deckert 2019a, S. 32) zum Tragen kommen. Der Mensch ist hierbei vielfältig vernetzt und wächst stetig daran, neugierig **neue Wissensknotenpunkte anzuschließen** (Siemens 2006) und **neues Wissen zu erschließen** sowie **seine Stärken wirksam werden zu lassen.** Hier knüpft die **Stärkenthese** an:

> „Die **Gesellschaft wird in dem Maße nachhaltiger, wie** es **die Menschen** darin vermögen, **sich Ihrer individuellen Stärken bewusst** zu **werden** und diese für den gesellschaftlichen Wandel in Richtung einer nachhaltigeren Zukunft einzusetzen (Stärkenthese)." (Deckert und Metz 2020)

Menschen verbinden hierbei **Eignung** und **Neigung,** nutzen die Chancen von Entwicklungen wie Digitalisierung bei Beachtung zugehöriger Risiken (Deckert 2019a) und leisten hiermit Beiträge mit Blick auf „Große gesellschaftliche Herausforderungen" (Wissenschaftsrat 2015). **Nachhaltige Entwicklung auf unserem Planeten nachdrücklich voranzubringen,** heißt bei sich selber zu beginnen und in Handlungsfeldern wie **Bewegung, Ernährung, Konsum, Besitz, Energie** und **Engagement (#BEKBEE)** (Deckert und Saß 2020) für das Große und Ganze – und zugleich für die eigene Gesundheit und das eigene Wohlbefinden – aktiv zu werden. Für die Lösung von Problemen verschiedener Art können wir **Strategische Mensch-Maschine-Partnerschaft** (Davenport 2016; Deckert 2019a; Deckert und Günther 2018) nutzen (vgl. Abschn. 3.1) und es steht – insoweit der Mensch dabei vor allem das wirksam einbringt, was ihn generell und individuell auch im Vergleich zu künstlicher Intelligenz auszeichnet, – zu hoffen:

© Springer Fachmedien Wiesbaden GmbH, ein Teil von Springer Nature 2020
R. Deckert, *Digitalisierung und nachhaltige Entwicklung,* essentials,
https://doi.org/10.1007/978-3-658-30585-7_1

„Die Menschheit kommt zu sich selbst" (WBGU 2019, S. 7) und „[…] Menschen versuchen, einfach Mensch zu bleiben" (Lesch und Kamphausen 2018, S. 14).

Menschen können sich – Aoun (2017) folgend – auf eine stärker technologisch geprägte Lebenswelt vorbereiten, in dem sie sich insbesondere mit realen Problemen befassen, denn: Probleme, mit denen Künstliche Intelligenz (KI) besser als der Mensch umgehen kann, sind einfacher strukturiert als viele **für die reale Welt typischen Probleme** mit ihren beispielsweise sozialen, kulturellen, ökologischen, wirtschaftlichen, rechtlichen und ethischen Bezügen. Neben technologischer Prägung findet reale Welt heute Charakterisierung im aktuell beispielsweise bei Scharmer (2018a, o. S.) verwendeten **VUCA** (volatility, uncertainty, complexity, ambiguity). Menschen kommt hierbei insbesondere **Sinngebung** zu:

> „It's certainly a good and necessary thing for strategists to begin embedding their thinking into cognitive technologies, but they also have to **keep their eyes on the broader world.** There is a **level of sense-making** that only a human strategist is capable of — at least for now. It's a skill that will be more prized than ever as we enter an era of truly **strategic human-machine partnerships.** [Hervorhebung ergänzt]" (Davenport 2016, S. 23)

und dies neben **Weiterem, das uns als Mensch von künstlicher Intelligenz abhebt:**

> „Die informationstechnologischen Errungenschaften könnten nicht zuletzt unsere Aufmerksamkeit und Wertschätzung auf die nicht unmittelbar kognitiven Kapazitäten lenken, die oft pauschal als **emotionale und soziale Intelligenz** bezeichnet werden. Diese waren vermutlich mindestens so zivilisationsbildend wie die Leistungen des Messens, Rechnens und Dokumentierens. KI würde uns möglicherweise eine gewisse Emanzipation von den Letzteren erlauben und eine stärkere Hinwendung zu Fähigkeiten wie **Empathie, Fürsorge** und **Solidarität** gestatten. [Hervorhebung ergänzt]" (WBGU 2019, S. 7)

Hier schließen weitere Gedanken beispielsweise rund um **Kritisches Denken, Kreativität** und **Neugier** an, wofür sich bei Deckert (2019a, S. 29 f.) auf Basis ausgewählter Quellen nachlesen lässt.

Technologische Errungenschaften können **Sinn** machen (Sinnmacht!) dadurch, **die Welt nachhaltiger zu gestalten,** wobei Lösungen für große gesellschaftliche Herausforderungen voraussichtlich nicht in Entwicklung und Einsatz von Technologie allein zu finden sein werden. Allerdings hat die Etablierung und Nutzung techn(olog)ischer Möglichkeiten heute vorliegende Erkenntnisse zu Herausforderungen für die Menschheit wie dem Klimawandel erst ermöglicht und dies kann Menschen auch weiterhin bei der Suche und Umsetzung von Lösungen unterstützen. Welche technologische Unterstützung auch immer genau entwickelt, verfügbar sein und genutzt werden wird, am Ende werden es Menschen sein, die unter Beweis stellen oder nicht, ob sie in der Lage sind, vernetzt und koordiniert **zukünftigen Generationen den Planeten Erde als globalen Lebensraum für eine vitale Menschheit erfolgreich zu erhalten.** Wir sind als „Mensch […] wichtigster Treiber einer digital unterstützten Transformation" (Foit 2018, S. 21). Eine „**Smartly Sustained Society** […], in der die Entwicklungen rund um Digitalisierung und nachhaltige Entwicklung zum Wohl des Menschen fokussiert werden" (Deckert et al. 2019a, S. 2) mag Orientierung bieten und stellt dabei jeden einzelnen Menschen immer wieder auch vor Entscheidungen dazu, sein Leben und den eigenen Lebenssinn hiermit zu verknüpfen, und ein im Geben und Nehmen ausgewogen erfülltes Leben zu finden.

▶ Die Menschheit scheint sich in einer Art selbst gewählten **„Abhängigkeit"** von über alle Maßen Ressourcen nutzenden Prozessen zu befinden, **die den Planeten Erde über mehrere Grenzen globaler Belastbarkeit hinaus gebracht hat** und – bezüglich weiterer Grenzen – wohl auch noch weiter bringen wird. Führt man sich beispielsweise vor Augen, wie schwer es Menschen typischerweise fällt, sich das Rauchen abzugewöhnen, so wird klar, dass ein nicht einfacher Weg vor der Menschheit liegt (Rauchen wurde hier als Beispiel für die Herausforderung einer Veränderung von Verhalten gewählt). Es hilft oft wenig, einer Raucherin oder einem Raucher zu sagen, dass Rauchen tödlich enden kann, oder ihr bzw. ihm davon zu berichten, wie schön ein Leben ohne Rauchen ist. Denkt man diesen Vergleich weiter, **bekommt die Menschheit** entweder noch rechtzeitig **die Kurve** oder sie bekommt **die Kurve nicht.** Letzteres muss nicht heißen, dass die Menschheit ausstirbt, **aber die Lebensweise, an die sich viele Menschen gewöhnt haben und die viele weitere Menschen anstreben, wird nicht für alle in gleichem Maße möglich sein** und **viele Menschen werden diese Entwicklung nicht überleben.** Aber, es besteht Hoffnung, denn schon heute machen nicht wenige Menschen die Erfahrung, dass **eine positiv veränderte Lebensweise in Abwendung von oben beschriebener Abhängigkeit große Lebensfreude und noch viel mehr schenken kann. Der Zustand unseres planetaren Lebensraums Erde kann sich hierbei im Sinne nachhaltiger Entwicklung positiv verändern. Dies muss von heute aus gesehen mit einer Halbierung der weltweiten CO_2-Emissionen Dekade für Dekade einhergehen.**

© Springer Fachmedien Wiesbaden GmbH, ein Teil von Springer Nature 2020
R. Deckert, *Digitalisierung und nachhaltige Entwicklung,* essentials,
https://doi.org/10.1007/978-3-658-30585-7_2

Dem WBGU (2019, S. 2) folgend stehen wir vor dem „Zusammendenken der beiden wohl wichtigsten Entwicklungen der jüngeren Moderne, nämlich der wachsenden Bedrohung der natürlichen Lebensgrundlagen der Menschheit einerseits und der explosiven Fortschritte im Bereich der Informations- und Kommunikationstechnologien andererseits". Nachfolgend finden sich nachhaltige Entwicklung und Digitalisierung in ausgewählten Grundzügen vorgestellt.

2.1   Nachhaltige Entwicklung

Beginnen wir mit ausgewählten Informationen rund um nachhaltige Entwicklung.

Ausgewählte Informationen rund um nachhaltige Entwicklung
- Im Jahre **1713** verwendet Hans Carl von Carlowitz (1713, S. 105) in der Sylvicultura Oeconomica bezogen auf Wald den Ausdruck „nachhaltende Nutzung".
- Der Bericht an den Club of Rome von Meadows et al. (1972) – online einzusehen unter dem Link wie im Literaturverzeichnis angegeben – zeigt **1972** bereits eindrucksvoll mögliche Konsequenzen des Umgangs der Menschen mit den begrenzten Ressourcen des Lebensraums Planet Erde auf.
- Im Jahre **1987** entsteht in New York auf einer UN-Konferenz der online unter diesem Link https://sustainabledevelopment.un.org/content/documents/5987our-common-future.pdf (abgerufen am 24.11.2019) einsehbare sogenannte Brundtlandbericht „Our Common Future".
- Verbunden mit der UN-Konferenz über Umwelt und Entwicklung in Rio de Janeiro im Jahre **1992** entsteht das hier https://unfccc.int/resource/docs/convkp/convger.pdf (abgerufen am 24.11.2019) einsehbare Rahmenübereinkommen der Vereinten Nationen über Klimaänderungen (Klimarahmenkonvention).
- Im Jahr **2012** legt Randers (2012) – einer der Autoren des Berichts an den Club of Rome im Jahr 1972 – einen weiteren Bericht mit möglichen Entwicklungen für die 40 Jahre bis 2052 vor.
- Die Analysen des Weltklimarates zeigen im Jahr **2014** mit dem fünften Sachstandsbericht – auf einer sehr breit durch Wissenschaftlerinnen und Wissenschaftler getragenen Basis – auf, dass der Mensch den Klimawandel verursacht (IPCC 2014). Der Synthesebericht geht auf **voraussichtliche zukünftige Klimaänderungen, Risiken und Folgen** sowie

Pfade für Anpassung, Minderung und nachhaltige Entwicklung in der Zukunft ein (IPCC 2014), wie hier einzusehen ist: http://www.de-ipcc.de/media/content/IPCC-AR5_SYR_barrierefrei.pdf (abgerufen am 24.11.2019).

- Im Jahre **2015** erfolgt auf Basis eines Modells zu planetaren Grenzen die Bewertung, dass **vier von neun untersuchten Grenzen bereits überschritten** sind (Steffen et al. 2015; PIK 2015).
- Im Jahre **2015** legen die Vereinten Nationen die Agenda 2030 und **17 Sustainable Development Goals (SDG)** vor.
- Die steigende Temperatur auf der Erde kann an bestimmten Punkten (sogenannten ‚**Tipping Points**‘) negative Entwicklungen auslösen wie sich bezogen auf die – auf der Weltklimakonferenz in Paris **2015** vereinbarte – Temperaturerhöhung von maximal 1,5–2° über vorindustrielle Temperatur zeigen lässt (Schellnhuber, Rahmstorf und Winkelmann 2016). Hier http://www.pik-potsdam.de/~ricardaw/publications/schellnhuber_rahmstorf16.pdf (abgerufen am 09.11.2019) kann die Graphik im Internet abgerufen werden.
- In den Jahren **2018/2019** vernetzt die Bewegung Fridays for Future international insbesondere Schülerinnen und Schüler, die eine Reaktion der Menschheit auf den Klimawandel fordern.

▶ **Tipp** Junge Menschen wie Severn Cullis-Suzuki im Jahre 1992, Felix Finkbeiner im Jahre 2011 und Greta Thunberg im Jahre 2018 beeindrucken mit ihrem Einsatz für nachhaltige Entwicklung auf internationalen Konferenzen (vgl. Videos im Internet).

Der **Handlungsdruck** in Richtung von Maßnahmen, die dem Klimawandel und weiteren Entwicklungen erfolgreich entgegenwirken, **ist groß.** Dies gilt trotz in Teilen gegenteiliger Behauptungen im Rahmen der gesellschaftlichen Debatte, womit der Klimawandel – wie durch den Weltklimarat analysiert und dargelegt – von einigen abgestritten wird, die sich damit einschlägiger Wissenschaft entgegenstellen. Die Handlungsnotwendigkeit wird auch im modellhaften ‚Stiftungsgedanken‘ von Leinfelder (2019) deutlich, den er zum Ende eines Podcasts im Deutschlandfunk wie folgt vermittelt:

„Eine andere Metapher wäre, dass wir das Erdsystem wie eine Stiftung betrachten, und wenn eine Stiftung gut geführt ist – und dazu braucht es auch Regeln – **dann kann man sehr gut von Überschüssen leben, aber wehe man geht an die Einlagen und das machen wir eben gerade.** [Hervorhebung ergänzt]"

Der WBGU (2019, S. 1 ff.) gibt Handlungsempfehlungen in den folgenden Feldern

- Erhaltung der natürlichen Lebensgrundlagen
- Armutsbekämpfung und inklusive Entwicklung
- Arbeit der Zukunft und Abbau von Ungleichheit
- Zukunftsbildung
- Big Data und Privatsphäre
- Fragilität und Autonomie technischer Systeme
- Ökonomische und politische Machtverschiebungen
- Global Governance für die nachhaltige Gestaltung des Digitalen Zeitalters

integriert im Konzept einer *„digitalisierten Nachhaltigkeitsgesellschaft"*, das mit drei „Dynamiken des Digitalen Zeitalters" – „Digitalisierung für Nachhaltigkeit", „Nachhaltige digitalisierte Gesellschaften" und „Die Zukunft des *Homo Sapiens*" sowie zugehörigen Potenzialen und Risiken – verknüpft ist.

▶ **Tipp** Die **Berichte des Weltklimarates aus den Jahren 2014 und 2018** (IPCC 2014, 2018), der **Bericht** des IPBES (2019) zur **Biodiversität** und **„Unsere gemeinsame digitale Zukunft"** seitens WBGU (2019) sind lesenswert (vgl. Links im Literaturverzeichnis). In Letzterem finden sich Gedanken zu nachhaltiger Entwicklung und zum Digitalen Zeitalter inkl. Schlüsseltechnologien und Kerncharakteristika. Mit dem Vortrag **„Sustainable Development Goals within Planetary Boundaries: Utopia or Panacea?"** hier https://www.kosmos.hu-berlin.de/de/videostreams (abgerufen am 24.11.2019) von Johan Rockström am 30. August 2019 findet sich eine im Vergleich zu IPCC (2014, 2018) und IPBES (2019) stärker fokussierte Aufbereitung. Rockström bezieht sich in diesem Vortrag insbesondere auch auf den hier http://www3.weforum.org/docs/WEF_Global_Risks_Report_2019. pdf (abgerufen am 24.11.2019) zugänglichen Global Risks Report 2019 des World Economic Forum, in dem **umweltbezogene**

Risiken – vor allem „Extreme weather events", „Natural disasters" und „Failure of climate-change mitigation and adaptation" – die Risikoeinschätzung bezüglich Eintrittswahrscheinlichkeiten und Auswirkungen dominieren. Für **historisch Interessierte** bietet die Sächsische Landesbibliothek – Staats- und Universitätsbibliothek Dresden freien Online-Zugang zu der Seite der Sylvicultura Oeconomica, auf der Carlowitz (1713, S. 105) den Ausdruck „nachhaltende Nutzung" verwendet: https://digital.slub-dresden.de/werkansicht/dlf/85039/127/0/ (abgerufen am 24.11.2019).

Im Zentrum eines normativen „Kompass für die Große Transformation zur Nachhaltigkeit in einer digitalisierten Gesellschaft" steht nach WBGU (2019, S. 3) die **Würde des Menschen** verbunden mit *Erhaltung der natürlichen Lebensgrundlagen, Teilhabe* und *Eigenart bzw. Vielfalt als Ressource.* Dies wie auch die Gedanken anderer wie beispielsweise von Lesch und Kamphausen (2018) zeigen, mit wie grundlegenden Überlegungen der Ereignis-, Gedanken- und Handlungskomplex einer nachhaltigen Entwicklung heute verbunden ist.

▶ **Tipp** Anknüpfbar an Gedanken rund um **„persönliche Entfaltung in Gemeinschaft"** (Deckert 2019a, S. 32) sind hier https://www.bmbf.de/de/digitalisierung-und-nachhaltigkeit-10466.html (abgerufen am 22.04.2020) auf der **Internetseite des BMBF** folgende Überzeugungen zu finden:

- „Die Digitalisierung muss den Menschen in seiner individuellen Entfaltung unterstützen"
- „Digitale Technologien müssen der Gesellschaft dienen"
- „Die Digitalisierung soll dem Erhalt der natürlichen Lebensgrundlagen dienen und darf ihm nicht entgegenstehen"

Vor diesem Hintergrund wird hier der Tipp gegeben, sich den **Aktionsplan des BMBF** unter diesem Link https://www.bmbf.de/upload_filestore/pub/Natuerlich_Digital_Nachhaltig.pdf (abgerufen am 22.04.2020) mit dem Titel **„Natürlich. Digital. Nachhaltig."** aus dem Dezember 2019 sowie unter diesem Link https://www.youtube.com/watch?v=alSiy-LEl2c (abgerufen am 29.04.2020) die Aufrufe ausgehend vom **11. Petersberger Klimadialog** anzusehen.

Wichtig ist insbesondere auch, sich vor Augen zu führen, dass das Internet selbst heute einen nicht unerheblichen Einsatz an Ressourcen und Energie erfordert (Lange und Santarius 2018) bzw. die Verarbeitung und Speicherung von Daten mit hohem Energiebedarf einhergeht sowie digitale Geräte und Infrastruktur sehr hohen Materialbedarf und negative Folgewirkungen aufweisen (WBGU 2019). Insoweit müssen **Kreislaufwirtschaft, Effizienz** und **Suffizienz** – auch **verbunden mit Digitalisierung und Industrie 4.0** wie sich beim WBGU (2019, S. 160 ff.) findet – als **unaufschiebbare Anliegen** gelten und **wirksam unser aller Handeln leiten.**

2.2 Digitalisierung und das Etikett „4.0"

Die Ereignisse, Gedanken und Möglichkeiten rund um Digitalisierung sind mit großer Relevanz für die Zukunft von uns Menschen, unseres Lebensraums Planet Erde und unseres Zusammenlebens in der Gesellschaft verbunden (vgl. Abschn. 2.1). Somit ist es einmal mehr notwendig, dass Menschen sich mit Technik und Technologie sowie insbesondere mit Digitalisierung befassen. Die aktuelle Diskussion ist mit Lange (2018, S. 320 f.) durch eine Art „Chiffre 4.0" oder „Etikett 4.0" geprägt, wobei sich die für die nachfolgenden Abschnitte verbunden mit dem Begriff Industrie 4.0 im Rückgriff auf Lübbecke (2015) zugrunde gelegte Gliederung mehrfach bewährt hat (Deckert und Saß 2020; Deckert 2019a; Deckert und Langer 2018; Deckert und Günther 2018).

2.2.1 Digitalisierung

Ausgangspunkt sei hier diese technisch geprägte grundlegende Einordnung:

> *„Teile unserer Lebenswelt mittels Bits und Bytes [...]* **digital** *zu erfassen* bedeutet, dass *kontinuierlich und stufenlos gedachte (analoge) Wertebereiche von Merkmalen unserer Lebenswelt auf diskrete (gestufte) Wertebereiche abgebildet werden* [Hervorhebung ergänzt]" (Deckert und Langer 2018, S. 873).

Dabei kann unsere Lebenswelt mehr oder weniger genau digital abgebildet werden: Ein Beispiel sind mehr oder weniger genaue digitale Bilder, die in Dateiform gespeichert je nach Genauigkeit mehr oder weniger Speicherplatz benötigen. Digitalisierung bietet mit der Sammlung, Speicherung, Verarbeitung und Analyse von Daten vielfältige Anwendungsmöglichkeiten. Folgende Zusammenstellung ausgewählter Informationen verdeutlicht auszughaft die hiermit verbundene Entwicklung.

Ausgewählte Informationen zu Digitalisierung

- Im 19. Jahrhundert entsteht der **Jacquardwebstuhl mit Lochkarten-Steuerung.** Der Webstuhl ist die wohl älteste digitale Maschine (Harlizius-Klück 2014). Konrad Zuse stellt am 12. Mai **1941** in Berlin den ersten funktionsfähigen **Digitalrechner Z3** vor (Zuse 2019).
- Nach Shannon (1948) geht die **zentrale Einheit für Information „binary digits" – oder kurz „*bits*" –** auf J. W. Tukey zurück. Hierin finden die Begriffe „digital" und „binär" eine Verbindung.
- Das nach dem Intel-Mitbegründer Gordon Moore benannte **Moore'sche Gesetz** wird unter https://www.intel.com/content/www/us/en/history/museum-gordon-moore-law.html (abgerufen am 24.11.2019) auf der Internetseite von Intel wie folgt angegeben: „**The number of transistors incorporated in a chip will approximately double every 24 months** [Hervorhebung ergänzt]".
- Von Zuses Z3 im Jahre **1941** zum Rechner Tianhe-2 im Jahre **2014** wird die **Rechenleistung** gemessen in FLOPS (Floating Point Operations Per Second) um einen **Faktoren von ca. 10^{17} oder ca. 2^{57}** gesteigert (Ludwig 2015).
- Beispiele für junge Anwendungsfelder sind: **Cloud, Virtual Reality (VR), Augmented Reality (AR), 3D-Druck** oder **Big Data.** Entwicklungen rund um Industrie 4.0 sind nach Schuh et al. (2017, S. 10) verknüpft mit „digitale Veredelung" und einer „digitalen Identität" von Objekten wie Maschinen oder von Menschen; auch „Digitale Schatten" als Basis für Predictive Analytics.
- Auf akademischer Ebene entsteht das Handlungs- und Lernfeld **Data Science;** abzugrenzen von weiteren Termini wie bspw. Data Engineering. Nach O'Neil und Schutt (2014) ist ein „Data Scientist Profile" durch Fertigkeiten rund um Computerwissenschaften, Mathematik, Statistik, Machine Learning, Kommunikation, Präsentation und Datenvisualisierung gekennzeichnet. „Komplexe Datenanalyse" hat nach Stifterverband für die Deutsche Wissenschaft (2019) als Technological Skill sehr hohe Bedeutung. Der **Harvard Data Science Review,** der unter https://hdsr.mitpress.mit.edu/ (abgerufen am 24.11.2019) offen im Internet zur Verfügung steht, bietet die Möglichkeit, aktuelle Entwicklungen rund um Data Science zu verfolgen.

Heute finden sich verbunden mit Digitalisierung und Industrie 4.0 **Handlungsfelder mit weitreichender Relevanz für Gesellschaft, Bildung** und **Wirtschaft** sowie **mit vielfältigen Auswirkungen in allen Lebensbereichen.** In der Gesellschaft wird zu technologischen Entwicklungen und deren Wirkungen in unserem Alltag eine breite Diskussion geführt. Zugrunde liegen im Kern Ergebnisse aus Forschungs- und Entwicklungsprozessen eng verbunden mit den **Natur- und Ingenieurwissenschaften** und speziell mit **Informations- und Kommunikationstechnik** sowie mit **Mess- und Automatisierungstechnik.** Es sind weitere Wissenschaftsdisziplinen mit Gedanken rund um **Digitale Transformation** und **Digitalisierung** befasst wie beispielsweise **Managementwissenschaft** (Nicolai und Schuster 2018; Kane et al. 2015), **Sozialwissenschaften** (Deckert und Langer 2018), **Kommunikationswissenschaft** (Katzenbach 2018) oder **Psychologie** (Wissenschaftsrat 2018). Verbunden mit Hochschulbildung im digitalen Zeitalter findet auch der Ausdruck „THE DIGITAL TURN" Anwendung (Hochschulforum Digitalisierung 2016). In der öffentlichen Diskussion zum Aufbau einer europäischen Cloud tritt der Ausdruck „zweite Welle der Digitalisierung" als „Europas Chance" auf (Altmaier und BJDW 2019).

2.2.2 Vernetzung

Die **Vernetzung von Menschen** (belebte Materie) und die **Vernetzung von Dingen** (unbelebte Materie) sollten heute eng miteinander verknüpft gedacht werden (Deckert 2019a). Grundlegend hierfür sind die Entwicklungen rund um das **Internet.**

> **Tipp** Ein **Screenshot des World Wide Web Browsers von Tim Berners-Lee aus dem Forschungszentrum CERN** um das Jahr 1991 herum findet sich hier http://info.cern.ch/NextBrowser. html und später entsteht dieser Screenshot http://info.cern.ch/ NextBrowser1.html (beide abgerufen am 24.11.2019).

Für die Architektur von Kommunikationssystemen hat nach Balakrishnan (2012) neben Flexibilität eine hohe Bedeutung, **sich auf Notwendiges zu beschränken.** Balakrishnan (2012) zitiert Antoine de Saint-Exupéry in englischer Übersetzung:

> „Perfection is achieved, not when there is nothing more to add, but when there is nothing left to take away". (Antoine de Saint-Exupéry)

Anders ausgedrückt: „Less is more" oder „When in doubt, leave it out" (Balakrishnan 2012). Auf die Entwicklung des Internets wird hier nicht näher eingegangen. Es finde **Metcalf's Law** Erwähnung, das besagt, dass der Nutzen eines Netzwerkes quadratisch mit der Anzahl Nutzer steigt (Hellige 2003).

Vernetzung von Menschen
Zur **Vernetzung von Menschen** wird mittels ausgewählter Informationen ein kurzer Überblick gegeben.

Ausgewählte Informationen zur Vernetzung von Menschen
- Benannt als **Small World Problem** wird **vor dem Internetzeitalter** festgestellt, dass zwei bei Travers und Milgram (1969) unter gewissen Bedingungen ausgewählte Menschen typischerweise über wenige weitere Menschen miteinander bekannt sind. Unter den von Dodds, Muhamad und Watts (2003) gewählten Bedingungen bestätigt sich dies **verbunden mit dem Internet.**
- Die **Internetnutzung** ist nach D21 Digital Index 2018/2019 in Deutschland zu charakterisieren durch ca. 84 % „Onliner" (von 81 % im D21 Digital Index 2017/2018 aus gestiegen) und eine **mobile Internetnutzung** bei ca. 68 % (von 64 % im D21 Digital Index 2017/2018 aus gestiegen), wobei 16 % als „Offliner" gelten, von denen 75 % 65 Jahre oder älter sind (Initiative D21 2018, 2019).
- Der **Anteil der Internetnutzerinnen und -nutzer an der Weltbevölkerung** steigt zwischen 2016 und 2018 von nahezu 47 % auf **über 50 %** (United Nations 2016, 2018).
- Die **Anzahl an „Wireless mobile broadband subscriptions"** (mit beworbener Datenübertragungsrate von 256.000 Bit pro h oder mehr) liegt pro 100 Einwohner im Jahre 2017/18 im OECD-Durchschnitt erstmalig über 100 (OECD 2019).

Nach Kane et al. (2015) gehen sich digital entwickelnde Unternehmen insbesondere integrierend vor, womit auch die Vernetzung von Menschen mit angebunden ist: „[…] maturing digital businesses are focused on integrating digital technologies, such as **social, mobile, analytics** and **cloud,** in the service of transforming how their businesses work [Hervorhebungen ergänzt]" (Kane et al. 2015, S. 3). Aus Richtung UN wird im Geiste eines **Zeitalters digitaler Unabhängigkeit** eine inklusive digitale Wirtschaft und Gesellschaft („AN

INCLUSIVE DIGITAL ECONOMY AND SOCIETY") gefordert, wobei die Verbindung zu nachhaltiger Entwicklung in Form der Sustainable Development Goals (SDG) hergestellt wird (UN Secretary-General's High-level Panel on Digital Cooperation 2019, S. 7 f.):

> „We recommend that **by 2030, every adult should have affordable access to digital networks,** as well as **digitally-enabled financial and health services,** as a means to make a substantial contribution to achieving the **SDGs**. Provision of these services should **guard against abuse** by building on emerging principles and best practices, one example of which is providing the ability to opt in and opt out, and by encouraging informed public discourse. [Hervorhebung ergänzt]"

> „We recommend that a broad, multi-stakeholder alliance, involving the UN, create a platform for sharing digital public goods, engaging talent and pooling data sets, in a manner that respects privacy, in areas related to attaining the **SDGs**. [Hervorhebung ergänzt]"

Dies schließt an Gedanken zur Verbindung von Digitalisierung und nachhaltiger Entwicklung in vorausgegangenen Abschnitten oben an.

Vernetzung von Dingen

Das „Internet of Things" (IoT, zu Deutsch: Internet der Dinge) – nach Ashton (2009) ursprünglich eng mit RFID-Technologie verbunden – stellt heute ein **Kernelement der Industrie 4.0** dar. Bei Industrie 4.0 handelt es sich Bendel (2019, o. S.) folgend um einen „Marketingbegriff" und dieser entzieht sich „– wie „Web 2.0" und „Web 3.0" – ein Stück weit einer wissenschaftlichen Präzisierung". Industrie 4.0 folgt drei vorausgegangenen industriellen Entwicklungen, die vor allem auch durch Mechanisierung, Elektrifizierung und „(erste) Automatisierung" – wie Deckert und Günther (2018, o. S.) diese dritte Entwicklung charakterisieren – zu kennzeichnen sind.

> ▶   **Tipp** Zu den ersten drei industriellen Revolutionen kann beispielsweise bei Kagermann, Lukas und Wahlster (2011) nachgelesen werden (vgl. Internetlink im Literaturverzeichnis).

Vernetzung von Dingen findet mit Industrie 4.0 einen Kausal- und Wertkontext, aus dem Innovationen für vernetzte Leistungserstellung/-verwertung und Geschäftsmodelle hervorgehen. Erste Einordnung bietet folgende Zusammenstellung an Begriffs- und Bedeutungskategorien verbunden mit Industrie 4.0, die sich bei Deckert und Günther (2018) im Rückgriff auf die Forschungsunion

Wirtschaft und Wissenschaft (2013) sowie auf Kagermann, Wahlster und Helbig (2013) findet:

- **Internet der Dinge** (IoT = Internet of Things), **Daten** und **Dienste** (IoS = Internet of Services),
- **cyber-physische Systeme (CPS), cyber-physische Produktionssysteme (CPPS), vertikale und horizontale Vernetzung von Unternehmen** sowie
- **Smart Factories, Smart Devices** und **Smart Products.**

Technologische Grundlagen sind nach Forschungsunion Wirtschaft und Wissenschaft (2013, S. 10 und S. 54 ff.) rund um **kleine (hochleistungsfähige) Computer** sowie das **Internet** zu finden. Bauer et al. (2014) folgend sind volkswirtschaftliche Effekte betreffend diese fünf Technologiefelder **Embedded Systems CPS, Smart Factory, Robuste Netze, Cloud Computing** und **IT-Security** bedeutsam.

> **Ausgewählte Informationen zur Vernetzung von Dingen**
> - Ein **Cola-Automat aus dem Jahre 1982** an der Carnegie Mellon University in Pennsylvania **kann als erstes Ding im Internet der Dinge** gelten, wobei Informationen über Füllstand und Kühlung bereitstellt wurden (Carnegie Mellon University 2005).
> - Ein Internet der Dinge könnte zukünftig in ein „**Internet of Everything (Menschen, Prozesse, Daten, Dinge) [Hervorhebung ergänzt]**" (Bauer et al. 2014, S. 17) integriert sein.

An Überlegungen wie diese können viele weitere Begriffe anschließen wie **Smart Services, Losgröße eins, Digital Twins** oder **Co-Creation** (Deckert 2019a) oder das „Schichtmodell digitale Infrastrukturen" aus dem Projekt „Smart Service Welt", das – neben **Smart Talent** – Serviceplattformen (**Smart Services**), Software-definierte Plattformen (**Smart Data**), Vernetzte physische Plattformen (**Smart Products**) und Technische Infrastruktur (**Smart Spaces**) adressiert (acatech 2015). Vor allem auch Wirtschaft, Wissenschaft, Politik, Verwaltung und Bildung sind durch diese Entwicklungen insgesamt in besonderer Weise gefordert. Das Internet der Dinge ist verknüpft mit einem Internet der Dienste.

▶ **Tipp** Mit „Smart Service Welten" bietet insbesondere das Bundesministerium für Wirtschaft und Energie im Internet vielfältige Quellen beispielsweise zu Wirtschaftszweigen, Normierung/ Standardisierung oder rechtlichen Herausforderungen.

2.2.3 Künstliche/technische/maschinelle Intelligenz

Anstelle des Terminus **„Künstliche Intelligenz"** **(KI)** könnten Begriffe wie „technische Intelligenz" oder „maschinelle Intelligenz" Verwendung finden, wobei der Begriff „Künstliche Intelligenz" den Vorteil hat, dass dieser an den international gebräuchlichen Begriff **„Artificial Intelligence"** **(AI)** anschließt. Hier soll keine vertiefte Diskussion zu diesen Begriffen geführt werden, gleichwohl sich hiermit viele spannende Gedanken verbinden lassen: So geht Jordan (2019) für „Artificial Intelligence" davon aus, dass dieser Begriff insbesondere auch unterhaltenden, fesselnden, verängstigenden und ablenkenden Charakter hat. Hier wird einführend folgender Überblick gegeben:

Ausgewählte Informationen zu Künstlicher Intelligenz
- Die **Geburtsstunde von Artificial Intelligence (AI)** wird einer Konferenz im Jahre **1956** am Dartmouth College (New Hampshire) zugeschrieben (Buxmann und Schmidt 2019; WBGU 2019).
- Es wird zwischen **schwacher KI** (auf Englisch: „Weak AI" oder „Narrow AI") und **starker KI** (auf Englisch: „Strong AI") unterschieden – beide gekennzeichnet durch Lernfähigkeit –, wobei Erstere die gezielte Entwicklung von „Algorithmen für bestimmte, abgegrenzte Problemstellungen" umfasst und Zweitere der Anforderung umfassend gerecht werden müsste, „den Menschen bzw. die Vorgänge im Gehirn abzubilden und zu imitieren" (Buxmann und Schmidt 2019, S. 6 f.). Heute sind praktisch alle Anwendungen schwacher KI zuzuordnen (Buxmann und Schmidt 2019, S. 6 f.).
- **Der Mensch wurde nach und nach in seinen Spielen besiegt:** Backgammon/1979, Othello/1997, Schach/1997, Scrabble/2002, Bridge/2005 und Jeopardy!/2010 (Bostrom 2014). Kritiker merkten zum Sieg von KI im Schach an, dass hohe Rechenleistung und damit „Brute Force" angewandt wurde (Buxmann und Schmidt 2019, S. 6). Jüngst folgten Go/2016 und Poker/2017. Die von N. Brown und T. Sandholm entwickelte Software *Libratus* gewinnt im Jahre 2017 einen 20-tägigen Poker-Marathon im 2-Spieler-Pokerspiel gegen vier der weltbesten menschlichen Pokerspieler. Hierin zeigt sich ein beachtlicher Grad an 1) strategischer Entscheidungsfähigkeit bei unvollkommener Informationslage und 2) die Fähigkeit zu bluffen (Spice 2017). Die Software *Pluribus* gewinnt zwei Jahre später in einem 6-Spieler-Pokerspiel gegen Menschen (Hsu 2019).

- Nach Wahlster (2017) ist der Mensch bezüglich sensomotorischer, kognitiver, emotionaler und sozialer Intelligenz in **sensomotorischer** (Sensorfusion, Feinmotorik), **emotionaler** und **sozialer Intelligenz** der Künstlichen Intelligenz überlegen. Die „heutigen Fußballroboter kommen einfach an die Ballkünste unserer Nationalspieler nicht heran" und bei „der emotionalen und sozialen Intelligenz gibt es bei KI-Systemen noch große Schwächen und erst einfache Modelle für die Erkennung von Emotionen und sozialem Verhalten" (Wahlster 2017, o. S.). Wie sich auch an Spielen zeigt (s. oben) ist KI dem Menschen in einigen Teilbereichen **kognitiver Intelligenz** überlegen und zwar, „wenn extrem viele Daten und Handlungsoptionen schnell analysiert werden müssen" (Wahlster 2017, o. S.).

- Dengler und Matthes (2015, S. 8) stellen mit Verweis auf Frey und Osborne (2013) aus Analysen von Expertenmeinungen fest, dass folgendes „in naher Zukunft nicht von (computergesteuerten) Maschinen ersetzt werden" kann: „**Wahrnehmung und Feinmotorik** (z. B. koordiniertes Bewegen von einzelnen Fingern, um kleine Dinge zu fertigen), **kreative Intelligenz** (z. B. Kunst, kreative Problemlösungen) und **soziale Intelligenz** (z. B. verhandeln, überzeugen) [Hervorhebungen ergänzt]".

- **Sinngebung** auf hohem Niveau kann als Bereich gelten, in dem Menschen der KI voraus sind (Davenport 2016). Dies gilt auch für die Fähigkeit, **Verbindungen zwischen zunächst einmal weit auseinanderliegenden Themenstellungen** herzustellen (Aoun 2017).

- Verbunden mit Begriffen wie **Superintelligenz, Intelligenzexplosion** und **technologische Singularität** wird kontrovers diskutiert, ob und inwieweit KI in der Zukunft menschliche Intelligenz übertreffen können wird (Bostrom 2014).

- Diese **sieben Kategorien für KI-Technologien** Kognitive Modellierung, Natural Language Processing, Semantische Technologien, Computer Vision, Machine Learning, Aktionsplanung und Optimierung sowie Neuromorphic Computing unterscheiden Seifert et al. (2018, S. 14, 15) und zudem diese **neun Kategorien für KI-Anwendungen**: Predictive Analytics, Optimiertes Ressourcenmanagement, Qualitätskontrolle, Intelligente Assistenzsysteme, Wissensmanagement, Robotik, Autonomes Fahren und Fliegen, Intelligente Automatisierung sowie Intelligente Sensorik. Es bestehen vielfältige Verknüpfungen, für die Seifert et al. (2018, S. 23) bei Anbietern sowie Forscherinnen und Forschern Schwerpunktbezüge wie Semantische Technologien<>Wissensmanagement,

> Machine Learning <> Predictive Analytics und Computer Vision <> Autonomes Fahren und Fliegen feststellen.
>
> - Vor **Gefahren Künstlicher Intelligenz** haben insbesondere Bill Gates, Stephen Hawking und Steve Wozniak bereits gewarnt (Ludwig 2015). Verbunden mit **methodischen Defiziten** rät der WBGU (2019) dazu, „Explainable AI" Aufmerksamkeit zu widmen und in Richtung „vertrauenswürdiger, fairer und zurechnungsfähiger KI-Systeme" (WBGU 2019, S. 79) voranzuschreiten.
> - Ausgehend von Grundrechten und ethischen Prinzipien hat die Diskussion zum Einsatz von KI zum Wohle des Menschen erst begonnen und im Jahre 2019 lässt die Europäische Kommission (2019) verbunden mit **„Ethics guidelines for trustworthy AI"** die „Trustworthy AI Assessment List" diskutieren.

Zu Ansätzen von KI können insbesondere **Neuronale Netze** und **Deep Learning** gezählt werden. So wie in früheren Zeiten zur Ergründung des menschlichen Körpers menschliche Gehirne untersucht werden, werden heutzutage bereits **künstliche Neuronale Netze** zwecks Erkundung ihrer Funktionsweise „seziert" (englisch: Network Dissection). Eine aktuelle Bewertung von Johannes Brandstetter zum aktuellen Stand von KI ist (ÖAW 2019):

> „Dass wir nur die Früchte der Arbeit von vor 30 Jahren ernten, stimmt nur bedingt. Das Grundkonzept ist schon etwas älter, aber gerade in den vergangenen fünf Jahren wurden hier noch viele neue Ansätze entwickelt, die Deep Learning erst reif für die verschiedensten Bereiche gemacht haben, wie zum Beispiel Attention-Transformer-Netzwerke. Heute steht vor allem das Verständnis des Zusammenspiels verschiedener Arten von neuronalen Netzwerken im Zentrum des Forschungsinteresses. Es geht darum, robustere Netze zu erschaffen, Gelerntes auf andere Netze zu übertragen und verschiedene Architekturen zu verbinden. Man darf nicht vergessen, dass der Forschungseifer zwischenzeitlich stark abgeflaut ist. Wir stehen heute in Wahrheit noch am Anfang".

Dass wir hier in gewisser Weise am Anfang stehen, wird auch bei Jordan (2019, o. S.) deutlich:

„While the building blocks are in place, the principles for putting these blocks together are not, and so the blocks are currently being put together in ad-hoc ways. Thus, just as humans built buildings and bridges before there was civil engineering, humans are proceeding with the building of societal-scale, inference-and-decision-making systems that involve machines, humans, and the environment. Just as early buildings and bridges sometimes fell to the ground – in unforeseen ways and with tragic consequences – many of our early societal-scale inference-and-decision-making systems are already exposing serious conceptual flaws. [...] What we're missing is an engineering discipline with principles of analysis and design."

Der Stifterverband für die Deutsche Wissenschaft setzt beginnend im Jahre 2019 gemeinsam mit weiteren Organisationen wie beispielsweise dem Deutschen Forschungszentrum für Künstliche Intelligenz (DFKI) das durch das Bundesministerium für Bildung und Forschung (BMBF) geförderte Forschungs- und Entwicklungsprojekt „KI-Campus – die Lernplattform für Künstliche Intelligenz" um.

Denken und Handeln für unsere Zukunft 3

> Um für nachhaltige Entwicklung wirkungsvoll Denken und Handeln hinsichtlich **B**ewegung, **E**rnährung, **K**onsum, **B**esitz, **E**nergie und **E**ngagement (#BEKBEE) aus Kap. 1 zu verbinden, kann jeder Tag für Tag bei sich beginnen. Das Dokument mit dem Titel **13 Kilo leichter** unter diesem Link https://entfaltungsagentur.files.wordpress.com/2019/08/13_kilo_leichter_ronald_deckert_2013.pdf bietet einen Erfahrungsbericht, mit dem ich meine ersten Erfahrungen zum Fasten teile. Nun muss sich nicht jede oder jeder mit Fasten anfreunden. Der Erfahrungsbericht kann dazu dienen, mittels eines Beispiels an vielfältigen Erlebnissen rund um eine Veränderung teilzuhaben. Mir persönlich ist Zugang zu Veränderung am liebsten, der bei mir beginnt: Wenn ich ganz bei mir bin, erlebe ich Denken, Fühlen und Handeln sehr direkt und lasse dies auf mich wirken, um diese Erfahrungen dann auch für andere Kontexte wirksam werden zu lassen.

Folgendes Zitat von Aoun (2017, S. 87) betont – neben Kreativität, Unternehmergeist und kultureller Agilität – seine in Abschn. 2.2.3 genannte Einordnung zur Fähigkeit des Menschen, Verbindungen zwischen zunächst einmal weit auseinanderliegenden Themenstellungen herzustellen („far transfer"):

„[…] no computer has yet displayed **creativity, entrepreneurialism**, or **cultural agility**. […] they cannot perform far transfer well, at least not in the infinite contexts of real life. […] our potential **to master far transfer is our competitive advantage over intelligent machines**. [Hervorhebungen ergänzt]"

© Springer Fachmedien Wiesbaden GmbH, ein Teil von Springer Nature 2020
R. Deckert, *Digitalisierung und nachhaltige Entwicklung*, essentials,
https://doi.org/10.1007/978-3-658-30585-7_3

Hiermit wird einmal mehr eine strategische Perspektive (vgl. Abschn. 3.1) unter-mauert, da typischerweise im Strategischen Management von Wettbewerbsvorteil („competitive advantage") gesprochen wird. Nachfolgend liegt zwar keine wett-bewerbliche, sondern eine partnerschaftliche Perspektive zugrunde, allerdings kann es auch hierfür hilfreich sein, sich seine Vorteile bewusst zu machen. Über-legungen dazu, Verbindungen zwischen weit entfernten Themen herzustellen, schließen zudem an Gedanken zum Konnektivismus als Lerntheorieströmung (vgl. Abschn. 3.2) an; ebenso wie an weitere Gedanken zu Vernetzung in den folgenden Abschnitten.

3.1 Strategische Mensch-Maschine-Partnerschaft

In einer Strategischen Mensch-Maschine-Partnerschaft kommt Menschen ins-besondere **Sinngebung** zu (vgl. Kap. 1). Weitere Begriffs- und Bedeutungs-kategorien finden sich – wie bei Deckert, Metz und Günther (2019a) zusammengestellt – mit **Kontrolle, Teilhabe, Design, Interaktion, Vernetzung** und **Intelligenz.** Angelehnt an de Wit und Meyer (2014), die eine einzige trag-fähige Definition für Strategie für illusorisch halten, wird hier für den Terminus Strategische Mensch-Maschine-Partnerschaft nicht nach einer einzigen Definition gesucht. Es werden Überlegungen zu den oben genannten Kategorien mit zugehörigen Spannungsfeldern zugrunde gelegt (vgl. Abb. 3.1).

Der Mensch setzt – bewusst oder unbewusst im Rahmen seiner Einfluss-möglichkeiten – verbunden mit eigenem Denken und Handeln Schwerpunkte zu den Spannungsfeldern Strategischer Mensch-Maschine-Partnerschaft (vgl. Abb. 3.1). Diese werden aufbauend auf Deckert, Metz und Günter (2019a) vor allem mit Fokus auf nachhaltige Entwicklung wie folgt einführend charakterisiert:

Kategorie	Spannungsfelder	
Sinngebung	Individuell geprägte Ziele	Kollektiv geprägte Ziele
Kontrolle	Kontrolle durch den Menschen	Kontrolle durch die Maschine
Teilhabe	Selbstbestimmt	Fremdbestimmt
Design	Form/Funktion	Humaner/sozialer Zweck
Interaktion	Menschzentriert	Maschinezentriert
Vernetzung	Fernliegendes verbinden	Naheliegendes verbinden
Intelligenz	Menschlich	Künstlich/Technisch/Maschinell

Abb. 3.1 Spannungsfelder zu Strategischer Mensch-Maschine-Partnerschaft. (Quelle: https://twitter.com/Sinnmacht/status/1173102475433451520)

Sinngebung

Ausgehend von Davenport (2016) kann **Sinngebung bzw. Denken vom Großen und Ganzen** her – bei Deckert und Günther (2018, o. S.) auch „bildlich gesprochen: [...] Denken aus einer *Adlerperspektive* heraus" – für Strategische Mensch-Maschine-Partnerschaft als einführend verankernd gelten und ist zumindest ab einem bestimmten Niveau beim Menschen zu verorten. Der Mensch ist generell – dies sei hier angenommen – bei zunehmender Komplexität von **Daten** über **Informationen** zum **Wissen** und hiermit verbundener **zielorientierter Steuerung** (Deckert 2006, S. 37 ff. und S. 146 ff.) bezogen auf für die reale Welt typische Probleme (vgl. Kap. 1) verglichen mit Maschinen zunehmend im Vorteil. Folgende Beispiele dienen hier zu einer Verdeutlichung des Spannungsfeldes der Orientierung von Denken und Handeln an **individuell** und/oder **kollektiv geprägten Zielen** (vgl. Abb. 3.1):

Beispiel für ein kollektiv geprägtes Ziel

Ein Beispiel für ein kollektiv geprägtes Ziel ist: Strategische Mensch-Maschine-Partnerschaft wird genutzt, um nachhaltige Entwicklung im Großen und Ganzen zu ermöglichen bzw. zu befördern. Hier schließt im Unternehmenskontext bspw. „Sustainable Strategizing 2.0" (Wunder 2019, S. 21 ff.) an. ◀

Beispiel für eine Verbindung von zugleich individuell und kollektiv geprägter Zielsetzung

Strategische Mensch-Maschine-Partnerschaft kann auch auf einer Verbindung von individuell und kollektiv geprägter Zielsetzung aufsetzen beispielsweise mittels einer APP zur Unterstützung bei zielgerichteten Entscheidungen zur Ernährung, die 1) ein gesundes Leben unterstützt (individuelles Ziel) und zugleich 2) den Verzehr maßvoller Mengen beispielsweise an Fleisch fördert und somit hilft, die Welt ein Stück in Richtung nachhaltiger Entwicklung voranzubringen (kollektives Ziel). ◀

Beispiel für ein individuell geprägtes Ziel

Ein Beispiel für ein individuell geprägtes Ziel ist (vgl. auch Kap. 1): Große gesellschaftliche Herausforderungen rund um nachhaltige Entwicklung dienen als reales Lernfeld, „anhand dessen sich Individuen auf eine zunehmend stärker technologisierte Zeit vorbereiten können, die auch geprägt ist durch [...] Digitalisierung" (Deckert 2019a, S. 4). ◀

Die Ziele können eine Realisierung von Chancen und positive Zukunftsaussichten ebenso wie eine Verminderung von Risiken adressieren, wobei Risiken auch in der nachfolgenden Kategorie Kontrolle angesprochen werden.

Kontrolle

Algorithmen generell und ihr kommerzieller Einsatz sind mit Risiken, möglichen Nebenwirkungen und methodischen Defiziten behaftet (Brynjolfsson und McAfee 2017; Broussard 2018; WBGU 2019), denen durch eine vorausschauend gestaltete Strategische Mensch-Maschine-Partnerschaft begegnet werden sollte (Deckert 2019a). Das Spannungsfeld von **Kontrolle durch Menschen** und **Kontrolle durch Maschinen** (vgl. Abb. 3.1) muss bewusst gestaltet werden, denn vor allem auch mit Blick auf die **Würde des Menschen** ist von Folgendem auszugehen:

> „Der Staat kann nicht garantieren, dass sich die gesellschaftliche Dynamik daran hält, diese Unbedingtheit des Menschen stets zu berücksichtigen. Er verpflichtet sich aber mit dem ersten Satz seiner Verfassung darauf, sich selbst solchen gesellschaftlichen Dynamiken nicht anzupassen. Was das freilich im Einzelnen und in konkreten Fällen bedeutet, lässt sich nicht einfach aus dem Text des Artikels 1 GG herleiten, sondern muss Gegenstand politischer und rechtlicher Diskurse sein." (Nassehi 2019, S. 19).

Folgt man dem WBGU (2019, S. 10), so findet sich:

> „Autonome, datenbasiert selbstständig Entscheidungen treffende, technische Systeme […] können Muster erfassen, die Menschen aufgrund der großen Datenmengen oder Komplexität verborgen bleiben. Sie können dazu beitragen, fundiertere ökonomische, politische und soziale Entscheidungen zu treffen, aber auch gesellschaftlichen Kontrollverlust, Machtmissbrauch oder die Unterminierung von Privatheit und Freiheit zur Folge haben."

Die **Ethik-Diskussion** der Europäischen Kommission (2019) zum Einsatz von KI zum Wohle des Menschen ausgehend von Grundrechten und ethischen Prinzipien hat begonnen und muss konsequent fortgeführt und regelmäßig kritisch reflektiert werden.

> ▶ **Tipp** Auf der Internetseite der Europäischen Kommission (2019) wird zu diesen Entwicklungen im Jahre 2019 unter „Ethics guidelines for trustworthy AI" informiert (vgl. Internetlink im Literaturverzeichnis). Seitens UN Secretary-General's High-level Panel on Digital Cooperation (2019) findet sich ebenfalls per Link im Literaturverzeichnis das Dokument „the age of digital interdependence" online verfügbar.

Im Sinne der Nachhaltigkeit (vgl. Abschn. 2.1) **fragwürdige Entwicklungen** – wie beispielsweise eine Verwirklichung wirtschaftlich-spekulativer Interessen mittels Digitalisierung bei nicht unwesentlichen ökologischen und/oder sozialen Folgewirkungen – sollten stets gesellschaftlichem Diskurs sowie beteiligend und mitbestimmend angelegtem Entscheidungshandeln zugänglich sein, womit eine Überleitung zur nachfolgenden Kategorie Teilhabe gegeben ist.

Teilhabe

Das Spannungsfeld von **Selbstbestimmung** und **Fremdbestimmung** (vgl. Abb. 3.1) ist hochkomplex und insbesondere sozialwirtschaftlich höchst relevant. Zunächst einmal empfiehlt es sich als Mensch zu wissen, was man gut kann und möchte (Eignung und Neigung), damit man dies im Rahmen seiner Einflussmöglichkeiten nicht ohne guten Grund an Maschinen abgibt (Deckert 2019a). Es stellen sich insbesondere Fragen nach ‚voice'- und ‚exit'-Optionen und dazu, inwieweit im Zuge der Digitalisierung und Technisierung sozialer Dienstleistungen ein Erhalt ‚analoger' Infrastruktur mit der Option einer alternativen Nutzbarkeit nach Bedarf erfolgt (Deckert und Langer 2018).

▶ **Tipp** Hier https://t.co/YNVCGh5fLq im Hamburger Abendblatt zeigt sich an einem Beispiel aus einer Werkstatt für Menschen mit Behinderung, dass in bestimmten Situationen Technikeinsatz Teilhabe am Arbeitsleben schaffen kann.

Zu Teilhabe stellt sich letztlich die Frage, wer Einfluss auf die Ausgestaltung Strategischer Mensch-Maschine-Partnerschaft hat. Hier ergibt sich die Überleitung zur Kategorie Design, denn modernes Designverständnis kann Gedanken zur „Teilhabe der Öffentlichkeit an politischen und ökonomischen Entscheidungsprozessen" (Schweppenhäuser 2016, S. 11 f.) einbinden.

Design

In weitem Verständnis kann Design in seiner Funktion des Lösens von Problemen (Dorst 2015) und seiner Orientierung an humanen bzw. sozialen Zwecken (Schweppenhäuser 2016) im Zuge „Großer gesellschaftlicher Herausforderungen" (Wissenschaftsrat 2015) Potenzial für Problemlösungsbeiträge entfalten. Ein **sozial** geprägtes Beispiel aus einer Werkstatt für Menschen mit Behinderung wurde zu Teilhabe oben benannt. **Ökologisch** geprägte Beispiele können Produkte sein, die vollständig und effizient wiederverwertbar gestaltet sind.

> **Tipp** Für Ausführungen zu „Problem framing as a key design practice" (Dorst 2015, o. S.) kann bei Dorst (2015) unter dem im Literaturverzeichnis angegebenen Link nachgelesen werden.

Im Spannungsfeld von **Form/Funktion** und **Humaner/sozialer Zweck** (vgl. Abb. 3.1) kann Design je nach Problemstellung Positionierung erfahren. Aus dem Blickwinkel nachhaltiger Entwicklung betrachtet, darf – die Worte von Schweppenhäuser (2016, S. VIII) aufgreifend – das „Richtige und Gute" gern zugleich auch das „Nützliche und Effiziente" sowie das „Schöne und Attraktive" sein, sofern sich dies für nachhaltige Entwicklung wirksam verbinden lässt.

Interaktion

An Systeme werden in der Mensch-Computer-Interaktion Anforderungen wie 1) leichte Erlernbarkeit, 2) effiziente Nutzbarkeit, 3) geringe Fehlerrate und 4) Benutzerzufriedenheit gestellt (Krömker 2009). Bei unklaren Anforderung werden systematische Prozesse wirksam, „um benutzerfreundliche Systeme für spezifische Anwender und Anwendungskontexte zu entwickeln" (Krömker 2009, S. 32). Im Spannungsfeld **mensch-** und **maschinezentrierter** Interaktion (vgl. Abb. 3.1) findet beides Raum, insoweit selbst dann, wenn der Mensch im Mittelpunkt steht, bis zu einem wohlüberlegten Grade erkundet und transparent gehalten werden sollte, wozu Maschinen in der Lage sind.

> **Tipp** Zu den Empfehlungen des WBGU (2019), deren Lektüre sich empfiehlt, (vgl. Literaturverzeichnis) gehören insbesondere auch *„Zulassungsstandards und „Frühwarnsysteme" für Produkte und Dienstleistungen im Bereich der Mensch-Maschine-Interaktion".*

Vernetzung

Im Kontext der in Abschn. 2.2 dargestellten Entwicklungen und insbesondere in Erwartung eines **„Internet of Everything (Menschen, Prozesse, Daten, Dinge)** [Hervorhebung ergänzt]" (Bauer et al. 2014, S. 17) wird klar, dass Vernetzung eine wesentliche Kategorie darstellt. Im Spannungsfeld von **Naheliegendes** und **Fernliegendes verbinden** (vgl. Abb. 3.1) besitzt nach Aoun (2017) der Mensch im Vergleich zur Maschine bei Zweiterem Vorteile. Überlegungen zu Vernetzung werden auch in Abschn. 3.2 verbunden mit Lernen und mit der Lerntheorieströmung des Konnektivismus wichtig.

▶ **Tipp** Neben Artificial Intelligence (AI) und Intelligence Augmentation (IA) findet sich der Terminus **Intelligent Infrastructure (II),** der mit dieser Erläuterung „[…] whereby a web of computation, data, and physical entities exists that makes human environments more supportive, interesting, and safe" (Jordan 2019, o. S.) an den Vernetzungsgedanken anschließt (vgl. Link im Literaturverzeichnis) und zur Kategorie Intelligenz überleitet.

Intelligenz

Ausgewählte Informationen dazu, wodurch **menschliche Intelligenz** und **KI** (vgl. Abb. 3.1) sich im Vergleich auszeichnen, wurden bereits in Abschn. 2.2.3 gegeben.

▶ **Tipp** Hier https://www.oeaw.ac.at/detail/news/ki-wird-alle-bereiche-des-lebens-umkrempeln/ können einige Gedanken zu künstlicher Intelligenz nachgelesen werden (ÖAW 2019).

Für Menschen kann in Zukunft zunehmend die Frage im Raum stehen, **wofür wir uns auf unsere eigene Intelligenz bzw. auf die Intelligenz anderer Menschen verlassen sowie wofür auf KI** und dies je nachdem, welche Ziele verfolgt werden (vgl. **Sinngebung** oben), wie Kontrolle verteilt ist bzw. werden soll (vgl. **Kontrolle** oben), welche Form der Teilhabe gegeben ist bzw. gegeben sein soll (vgl. **Teilhabe** oben), was im Design im Vordergrund stehen soll (vgl. **Design** oben), welche Anforderungen zur Mensch- und Maschinezentrierung gestellt werden (vgl. **Interaktion** oben) und welche Möglichkeiten zur Vernetzung gegeben sind bzw. sein sollen (vgl. **Vernetzung** oben). Dies rundet hier die Ausführungen zu Strategischer Mensch-Maschine-Partnerschaft ab.

3.2 Lebenslanges und lebensweites Lernen

Heute sind **lebenslanges Lernen** *und* **lebensweites Lernen** wichtig:

„[…] learning organizations around the world share the challenges and opportunities of the **lifelong** or **life-wide** learner – longer life spans, longer workdays, work intensification, increasing urbanization, national and transnational mobility, diversity in communities, restructured work worlds that require multiple sequential career changes, accelerating technological innovation, and global networks. [Hervorhebung ergänzt]" (Campbell und Schwier 2014, S. 364)

Mit lebensweitem Lernen verbindet sich, dass Lernen nicht isoliert von anderen Lebensbereichen erfolgt, sondern dass beispielsweise „**Arbeiten und Lernen** [...] **eng verwoben gedacht und gestaltet werden können**" (Deckert 2019a, S. 23).

Beispiele für lebensweites Lernen

Im berufsbegleitenden Studium mit Praxisorientierung kann eine Verknüpfung mit für Studierende relevanten Arbeitsinhalten erfolgen. Ein weiteres konkretes Beispiel sind Teamfähigkeiten, insoweit diese im Hobbysport und zugleich im Beruf sowie in der Schule und im Studium wichtig sind. Ein drittes Beispiel ist, dass sich Studierende im Studium zwecks des Erlernens wissenschaftlicher Methoden mit relevanten sozialen Fragestellungen aus der gesellschaftlichen Praxis befassen. ◄

Diesen Gedanken leistet die Feststellung des Stifterverbandes für die Deutsche Wissenschaft (2016) Vorschub, dass für Hochschulausbildung **überfachliche Kompetenzen** (71 %) wichtiger werden, wobei spezialisiertes Wissen (54 %), methodische Kompetenzen (43 %) und Grundlagenfachwissen (32 %) folgen. Auch bei O'Neil und Schutt (2014) finden sich unterstützende Überlegungen: Der sinngebende Umgang mit großen Datenmengen – beispielsweise Daten im Unternehmenskontext zu interpretieren und Bedeutung beizumessen – erfordert heute **Wissen um Tools und Methoden** auf akademischem Niveau, wobei „Data Scientists" sich, über Programmierung und Fertigkeiten wie in Abschn. 2.2.1 genannt hinaus, zukünftig gegebenenfalls auch durch **Problemlösungsfähigkeiten** verbunden mit **Vielseitigkeit** und **Interdisziplinarität** sowie **Soft Skills, Stellen von guten Fragen** und **ethisches Herangehen** auszeichnen müssen (O'Neil und Schutt 2014, S. 352 ff.).

Lerntheoretische Einordnung
Die Bewertung von Aoun (2017, S. 87) zu „far transfer" zu Beginn von Kap. 3 kann dazu ermutigen, bewusst Verbindungen zwischen weit entfernt anmutenden Themen herzustellen. Zu *Verbindungen* (englisch: *Connections*) kommt eine theoretische Entwicklung in den Blick und zwar die mit Beginn des 21. Jahrhunderts aufkommende Lerntheorieströmung des **Konnektivismus** (englisch: *Connectivism*). Siemens (2006) folgend haften **Behaviorismus, Kognitivismus** und **Konstruktivismus** als Lerntheorien im 20. Jahrhundert Einschränkungen an und zwar, dass 1) Lernen stets in Personen bzw. Gehirnen stattfindet, 2) der Evaluation zum Wert von Informationen und Fähigkeiten zur Synthetisierung

und Erkennung von Verbindungen/Mustern wenig Raum zukommt und 3) technologische Entwicklungen unbeachtet bleiben. Vor diesem Hintergrund stellt Siemens (2006) den Konnektivismus zur Diskussion, der wohl bis heute nicht überall als Lerntheorie akzeptiert ist, aber nach Campbell und Schwier (2014, S. 367) als aufkommende Lerntheorie des 21. Jahrhunderts gelten kann. Alle vier Lerntheorieströmungen können je nach Anwendungsfall Beiträge zur Beschreibung und Gestaltung von Lernen leisten. Nach Anderson und Dron (2011, S. 80 ff.) folgt die „connectivist pedagogy" als dritte Generation auf „cognitiv-behaviourist" und die „social constructivist [...] pedagogy" und ist Ausgangspunkt für die nächste (also hier die 4.) Generation, die sich mit Blick auf die Befähigung von Menschen, sich mit Wissen zu verbinden und Wissensquellen zu erschließen, als *(kollektiv) intelligenter* erweisen könnte.

Vernetzung in der Anwendung
Für herausfordernde Problemstellungen rund um nachhaltige Entwicklung – die typischerweise interdisziplinäre Zusammenarbeit und Vernetzung erfordern – kann es sich lohnen, sich folgende **ausgewählte Grundgedanken zum Konnektivismus** in enger Anlehnung an Siemens (2006) **vor Augen zu führen und mögliche Anwendungen im eigenen Umfeld zu reflektieren** (frei im Deutschen wiedergegeben):

- Lernen und Wissen finden ein Fundament in Meinungsvielfalt.
- Lernen ist ein Verknüpfungsprozess von spezialisierten Knotenpunkten oder Informationsquellen.
- Lernen kann in nicht-menschlichen Systemen erfolgen.
- Pflege und Aufrechterhaltung von Verbindungen unterstützt kontinuierliches Lernen.
- Verbindungen zwischen Feldern, Ideen und Konzepten zu sehen ist eine Kernfähigkeit.
- …

Zur **Vorbereitung auf eine stärker technologisch – und speziell digital – geprägte Lebenswelt** und zur **Mitwirkung an der Lösung herausfordernder Problemstellungen nachhaltiger Entwicklung** sind wir Menschen dazu aufgerufen, Netzwerke zu pflegen und uns zudem immer wieder neu zu vernetzen, d. h. mit **Neugier** und **Kreativität** immer neue Verbindungen zu entdecken und problemlösend zu nutzen. Neugier findet bei Willcox, Sarma und Lippel (2016, S. 9) in ihrer Bedeutung für Lernen Erwähnung verbunden mit neurowissenschaftlichen Untersuchungen und einem Hinweis auf „wonder is the beginning of wisdom" von Sokrates. Für zukunftsfähige Veränderung kann es Scharmer (2018b) folgend hilfreich sein, dass Menschen mit **offenem Geist** (Neugier), **offenem Herzen** (Mitgefühl) und **offenem Willen** (Mut) an einen **Punkt kommen, von wo aus Denken und Handeln verbunden wirksam werden. Mit Neugier vernetzt Denken, Fühlen und Handeln** kann ein hilfreiches Motto sein.

Ausgewählte Gedanken aus dem Hochschulkontext
Typischerweise ist ein Präsenzstudium beim Lernen in Lerngruppen, in Seminaren oder im Hörsaal in bestimmtem Maße interaktionsorientiert und Studierende können sich im Präsenzstudium nicht nur mit Informationsquellen verschiedener Art, sondern auch mit Lehrenden und unter Lernenden vernetzen. Heute **bieten digitale Lernwelten neue Formen für interaktives Lerndesign,** die beispielsweise auch im berufsbegleitenden Fernstudium Anwendung finden können.

> ▶ **Tipp** Hier https://digitale-skripte.hfh-fernstudium.de/diskussions-beitraege/html/T-19-04/T-19-04.html (abgerufen am 27.11.2019) wird **Interaktives Lerndesign** als Aktionsfeld und Vision am Fachbereich Technik der HFH • Hamburger Fern-Hochschule vorgestellt. Interaktion prägt das Studienkonzept der HFH von Beginn an: Das Selbststudium wird durch ein fakultatives Präsenzseminarangebot im bundesweiten Netzwerk an Studienzentren ergänzt. Heute kommt Interaktion auch digital zum Tragen.

Nach Lange und Santarius (2019, S. 24) „sollte die Digitalisierung in den Dienst einer sozial-ökologischen Transformation gestellt werden". Dabei ist nach Lange und Santarius (2019) **Digital Literacy** zentral, die Medienkompetenz, Ermächtigung zu digitaler Souveränität, digitale Nachhaltigkeitskompetenz und kritisches Denken zu übergeordneten Fragestellungen adressiert. Der Stifterverband für die Deutsche Wissenschaft (2019, S. 9) versteht unter Digital Literacy

> „Grundlegende digitale Skills beherrschen, z. B. sorgsamer Umgang mit digitalen persönlichen Daten, Nutzen gängiger Software, Interagieren mit künstlicher Intelligenz"

und stellt im Rahmen von Befragungen in Unternehmen diese Rangfolge unter den folgenden sechs Kompetenzen fest: 1) Kollaboration (86 %), 2) Durchhaltevermögen (76 %), 3) Digital Literacy (76 %), 4) Unternehmerisches Handeln und Eigeninitiative (74 %), 5) Digital Learning (72 %) und 6) Agiles Arbeiten (66 %), wobei in Klammern jeweils angegeben ist, welcher Anteil der Mitarbeiter diese Kompetenz in fünf Jahren beherrschen soll. Vier dieser sechs Kompetenzen (1), (3), (5) und (6) zählen nach Stifterverband für die Deutsche Wissenschaft (2019) zu den **Digital Citizenship Skills,** die sich hier in einer Liste mit zwei – (2) und (4) – der sogenannten **Classic Skills** finden. Zudem werden zukünftig nach Stifterverband für die Deutsche Wissenschaft (2019) viele Personen mit **Technological Skills** (Technologie-Spezialisten) und hier vor allem mit Fähigkeiten zu komplexer Datenanalyse gesucht.

▶ **Tipp** Unter https://www.va-bne.de/ (abgerufen am 27.11.2019) findet sich die **Virtuelle Akademie Nachhaltigkeit** der Universität Bremen, die digital gestütztes Lernen zu Nachhaltigkeit anbietet. Im **Fachmagazin für Digitalisierung in der Lehre der Universität Hamburg mit dem Namen Synergie** findet sich hier https://uhh.de/f2lec (abgerufen am 27.11.2019) die **Ausgabe #07 zum Thema Nachhaltigkeit.**

Folgender Auszug zum Verständnis von Exzellenz in Lehre und Lernen findet Anschluss an eine nachhaltige Entwicklung und Digitalisierung verbindende Sichtweise und die Stärkenthese in Kap. 1.

Auszug aus „Exzellenz in Lehre und Lernen, Forschung und Transfer" **(Deckert 2019b) betreffend Exzellenz in Lehre und Lernen**
„[…] In Zukunft wird sich **exzellentes Lehren und Lernen** zunehmend auf eine stetig weiterzuentwickelnde wirkungsvolle Integration neuer Lehr-/Lernmethoden gründen. Exzellenz bedarf Lehr-/Lernstandards, die mit der Förderung **individueller Stärken** sowie im Lernprozess genutzter **Vielfalt in der Studierendenschaft** zu verbinden sind. Auf Ihre Vorteile fokussierte **Präsenzlehre** ist hierbei verknüpft mit – auch durch Digitalisierung geprägtem – **interaktivem Lerndesign** (Deckert et al. 2019b) und nach Bedarf systematisch lernprozessual verankerter **Flexibilität** (Deckert et al. 2018) auch für Lernende mit weiteren persönlichen und beruflichen Verpflichtungen. Lernen erfolgt **handlungsorientiert auf reale Problem hin** und **auf Augenhöhe von (auch lernend) Lehrenden und (auch lehrend) Lernenden** bei notendigen **inhaltlichen Spielräumen.** Es besteht Raum für **Experiment, Neugier** und **Game-Based-Learning** (Deckert et al. 2019). **Hochschulisches Lernen** mit neben behavioristisch,

> kognitivistisch und konstruktivistisch zusätzlich konnektivistisch geprägter Verankerung (Campbell und Schwier 2014) **profitiert von Vernetzung** (Menschen, Dinge) und ist Impuls **für mit Arbeit verzahntes lebenslanges und -weites Lernen** (Deckert 2019a) [Einige Quellen formal angepasst mit Blick auf das nachfolgende Literaturverzeichnis]. [...]"

3.3   Vernetzung in Gesellschaft und Natur

Die Befassung mit Vernetzung in der Gesellschaft kann vielfältige Gedanken z. B. zu **Vernetzung von Menschen und Dingen** (vgl. Abschn. 2.2.2), **branchenspezifischer Vernetzung** (vgl. beispielsweise Deckert und Saß (2020) für die Energiewirtschaft), **Wertschöpfungssystemen mit vertikaler und horizontaler Vernetzung** (Schuh et al. 2017), **technologisch geprägter Integration** (Kane et al. 2015), **sozialwirtschaftlichen Wirkungs-/Handlungsfeldern** (Deckert und Langer 2018) oder **öffentlicher Verwaltung** (Deckert 2019c) auslösen. Leinfelder (2019) fordert im Angesicht nachhaltiger Entwicklung als Herausforderung – mit Hinweis auf die Verbindung von **Kultur** und **Natur** nach A. v. Humboldt – **stärkere Vernetzung in der Wissenschaft.** Komplexe Probleme im Zuge nachhaltiger Entwicklung erfordern **problembezogen wirksame interdisziplinäre Vernetzung.**

Insoweit die Menschheit für nachhaltige Entwicklung zum Erhalt ihres planetaren Lebensraums – und damit zu ihrem eigenen Wohl – **Naturgegebenheiten auf dem Planeten Erde** und hier ablaufenden Prozessen Rechnung tragen muss, bietet es sich an, sich **Vernetzungen in der Natur** vor Augen zu führen. Vernetzung kommt zum Ausdruck in **Umwandlung und Transport von Energie,** die vor allem von der Sonne aus die Erde erreicht, in **Bewegungen** von Elementarteilchen, Ionen, Atomen und Molekülen bis hin zu makroskopischen Stoffflüssen und -kreisläufen an Land, im Wasser und in der Atmosphäre sowie disruptiven Bewegungen wie Erdrutschen oder Vulkanbrüchen, in **Prozessen** rund um Atmung, Ernährung, Herstellung und Nutzung von Behausung oder Entwicklung und Nutzung von Technik sowie in **Kommunikation, Kooperation** und **Konfliktgeschehen** unter Lebewesen, um hier ohne Anspruch auf Vollständigkeit ein Spektrum an Beispielen zu nennen.

▶ **Tipp** Erkenntnisse rund um das **wood-wide web** bieten spannende Einblicke, von denen beispielsweise einige in einem TED Talk von Suzanne Simard vorgestellt werden.

Vernetzung in der Natur auf diese Weise beispielhaft aufzuzeigen, soll hier genügen, um die sich hierin spiegelnde und das Leben prägende **Vielfalt, Dynamik, Widerstandsfähigkeit** und **Ästhetik** anzusprechen. **Veränderungen** an einer Stelle können unberechenbare **Auswirkungen** an anderer Stelle haben. **Stabilität** und **Fragilität** liegen mitunter nahe beieinander. Die aktuellen Entwicklungen lehren uns einmal mehr, dass Natur stets ein relevanter Rahmen bleibt (vgl. Abb. 3.2).

Die Natur sollte daher von der Menschheit mit **Respekt** und **Ehrfurcht** sowie mit **Wertschätzung** und **Achtung** behandelt und stets mit **Weitblick** und **Vernunft** lebenswert genutzt werden. Die Existenz von Menschen selbst zeigt, wozu Natur in der Lage ist. **Ein wertschätzender Umgang mit der Natur kann mit dem wertschätzenden Umgang mit sich selber und mit seiner näheren Umgebung beginnen.** Wirksame Vernetzung sorgt dafür, dass hierin stets auch ein **Beitrag zum Großen und Ganzen** liegt.

▶ **Tipp** Es mag hilfreich sein, sich immer mal wieder zweierlei vor Augen zu führen: 1) Soziale Interaktion ist für das Lernen des Menschen von Kindesbeinen an essenziell (Meltzoff et al. 2009). 2) Für Gelingen verbunden mit großen Herausforderungen gilt: *„Es geht nur gemeinsam"* (Hüther 2018, S. 37).

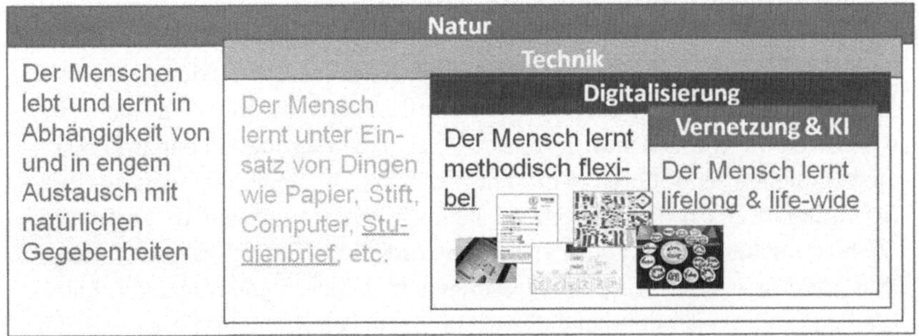

Abb. 3.2 Natur, Technik, Digitalisierung, Vernetzung und KI. (Quelle: Deckert et al. 2019b)

Aus der Coronavirus-Krise für nachhaltige Entwicklung lernen

Die Coronavirus-Krise, die zu Beginn des Jahres 2020 weltweit Raum greift, bringt viel Leid und für das gewohnte tägliche Leben einschneidende und weitreichende Veränderungen mit sich. Diese Veränderungen tragen das Potenzial, dass Menschen in der Bevölkerung insgesamt sich intensiv mit ihren Lebensentwürfen und zugehörigen Rahmenbedingungen auseinandersetzen und dass dies wiederum in der Folge einer nachhaltigen Entwicklung zuträglich werden kann. Einige Beispiele, die insgesamt unser Denken, Fühlen und Handeln ansprechen können, sind:

- Erfahrungen zur großen Bedeutung von Solidarität im Kleinen und im Großen,
- Erfahrungen zur Bedeutung vorausschauenden Umgangs mit exponentiellen Entwicklungen,
- Wertschätzung für die Leistungen von Menschen, die in der Daseinsvorsorge arbeiten,
- Fokus darauf, was das Leben im engsten Kreis im Kern ausmachen kann, mit Blick auf Glück, Zufriedenheit und Bedürfnisse sowie mit Blick auf hiermit verbundene Herausforderungen,
- Erfahrungen mit der Arbeit im Home-Office und mit dem Einsatz digitaler Medien,
- Stärkung persönlichen Wachstums verbunden mit Bildung und Lernen,
- Reduzierung von Fernreisen und des Flugverkehrs sowie
- Erfahrungen dazu, dass stabile Verhältnisse nicht per se selbstverständlich sind und dass deren Herstellung und Erhalt jeden einzelnen immer wieder fordern können.

Die Entwicklungen in der Coronavirus-Krise machen Menschen sehr deutlich, dass **das eigene Verhalten Einfluss auf die Entwicklungen im Großen und Ganzen hat.** Dies erfolgt sehr nah an individuellen Lebensgewohnheiten und deren Einschränkung durch Regierungen. Die Entwicklung zum Coronavirus ist im Kleinen wie im Großen **in Form von Zahlen insbesondere zu Erkrankten und dem Virus Erlegenen messbar;** und dies auch bei allen Messungenauigkeiten recht eingängig. Diese Zahlen sind voraussichtliche Entwicklungen betreffend professionell mit Sachverstand zu bewerten, was uns dazu aufruft, **Wissenschaft ernst zu nehmen.** Auch dies macht die Coronavirus-Krise einmal mehr deutlich. Wie viele Phänomene – beispielsweise rund um den Klimawandel auch – ist der Coronavirus **nicht direkt mit den eigenen Augen sichtbar,** zugleich ist die **Folgenschwere des eigenen Verhaltens aber recht unmissverständlich klar und nachvollziehbar;** auch wenn dem nicht alle Mitglieder der Gesellschaft zu jedem Zeitpunkt konsequent Rechnung tragen (bspw. Nichteinhaltung eines Mindestabstands oder unvorsichtiges Verhalten verbunden mit Corona-Parties bei Jugendlichen).

Der **Einsatz von Mitteln und Möglichkeiten rund um Digitalisierung** ist einzuordnen in die Erfahrungen, die in einer Gesellschaft vorliegen. Hierfür ist der Einsatz von https://corona-nearby.com/ in Südkorea im Jahre 2020 ein Beispiel und dies vor dem Hintergrund von Erfahrungen dort mit dem MERS-Virus einige Jahre zuvor. Gerade da das *zu Hause bleiben* ein Mittel gegen die Ausbreitung eines neuen Virus sein kann, lohnt folgender Hinweis: Auch von zu Hause aus ist wirksames Denken, Fühlen und Handeln und **„persönliche Entfaltung in Gemeinschaft"** (Deckert 2019a, S. 32) möglich wie das Beispiel des WirvsVirus-Hackathons der Bundesregierung im März des Jahres 2020 zeigt.

Die Coronavirus-Krise bietet die Chance dazu, zu verstehen, dass Menschen Vernetzung nicht einfach stets so gestalten können, wie es ihnen gänzlich frei beliebt, sondern letztlich **nur im Einklang mit der jeweils durch die Natur vorgegebenen Vernetzung (über)leben** können. Die Coronavirus-Krise trägt das Potenzial, Menschen einmal mehr die große Bedeutung von **Respekt und Wertschätzung für natürliche Rahmenbedingungen** vor Augen zu führen. **Systeme in der Gesellschaft** wie beispielsweise das Gesundheitssystem **können** vor dem Hintergrund exponentieller Entwicklungen wie der Verbreitung eines neuen Virus **an Grenzen kommen:** Wie hier http://dipbt.bundestag.de/doc/btd/17/120/1712051.pdf auf Seite 5 ersichtlich ist, wurde die Situation von Herausforderungen, die das Gesundheitssystem nicht bewältigen kann, bereits im Jahr 2012 mittels einer damals angenommenen Coronavirus-Pandemie für Deutschland simuliert. Dieses Risiko ist also prinzipiell bekannt und auch die aktuellen Erfahrungen bieten einmal mehr die Chance, die Adäquanz der personellen und materiellen Ausstattung sowie die dahinter liegende Logistik in verschiedenen Bereichen der Gesellschaft wie dem Gesundheitssystem zielgerichtet zu hinterfragen und auszurichten. **Zivilisatorische Errungenschaften** wie das Gesundheitssystem sollten wir stets **mit Vernunft und Weitblick erhalten und weiterentwickeln. Einmal Erreichtes ist nicht auf immer wie selbstverständlich vorhanden und wir müssen uns hierfür immer wieder persönlich einsetzen.**

Zusammenfassung und Ausblick

Verbunden mit der Schaffung und Nutzung von beachtlichen Möglichkeiten rund um Digitalisierung hat die Menschheit **Transparenz über den Zustand unseres globalen Lebensraums und über soziale Entwicklungen auf dem Planeten Erde** erlangt. Nun gilt es, die Möglichkeiten von Digitalisierung und Technisierung auch für die Lösung festgestellter Probleme heranzuziehen, was vielfach bereits erfolgt und weiter angedacht wird. Allerdings wird nach allem, was wir heute wissen, Einsatz von Technik allein nicht genügen, um nachhaltige Entwicklung zu erreichen. Hierfür ist Handeln und Veränderung von Verhalten – und damit auch ein Loslassen mitunter lieb gewonnener Gewohnheiten – auf allen gesellschaftlichen Ebenen notwendig. Die zu Beginn in Kap. 1 benannte **Stärkenthese** kann helfen, hierin nicht allein unliebsamen Verlust, sondern **großartige Chancen** für einen Weg zur **Erkundung eigener Stärken,** Fähigkeiten und Talente zu sehen, auf dem sich das eigene **Denken, Fühlen** und **Handeln** sowie Eignung und Neigung sinnhaft vereinen und Orientierung für ein erfülltes Leben bietet. Die Bedeutung von Denken, Fühlen und Handeln im Einklang sei – über die Hinweise hierzu in Kap. 3 hinaus – mit den nachfolgenden Worten von Müller (2018, S. 62) betont:

> „[…] ein Potenzialentfaltungsprozess nichts Mystisches ist, sondern aus der ganz natürlichen Art, wahrzunehmen und zu fühlen, heraus entsteht, die im Laufe der Evolution zugunsten kognitiver Leistungen zurückgebildet wurde. Bevor ich etwas denke habe ich ein Gefühl. Fühlen, Denken, Fühlen, Handeln – das ist die Reaktionskette."

Digitalisierung entfaltet ihre Möglichkeiten auf Basis eines digitalen Abbildes unserer zunächst einmal durch Menschen subjektiv analog erfahrbaren Lebenswelt (Deckert und Langer 2018). Auch wenn diese Möglichkeiten beeindruckend

© Springer Fachmedien Wiesbaden GmbH, ein Teil von Springer Nature 2020
R. Deckert, *Digitalisierung und nachhaltige Entwicklung,* essentials,
https://doi.org/10.1007/978-3-658-30585-7_4

sind, so **ist und bleibt ein Abbild nur ein Abbild,** womit in Teilen auch Risiken und Nebenwirkungen (vgl. Abschn. 3.1) einhergehen. **Herausforderungen und Problemstellungen muss tatsächlich in realer Welt begegnet werden** und dies **fordert in jedem Fall uns Menschen zum Handeln auf, wobei idealerweise jeder bei sich beginnen und seine Einflussmöglichkeiten konsequent nutzen sollte.** Digitalisierung und Technisierung bieten vielfältige Unterstützung dafür, dass Menschen in den Handlungsfeldern Bewegung, Ernährung, Konsum, Besitz, Energie oder Engagement (#BEKBEE) wirksam tätig werden. Strategische Mensch-Maschine-Partnerschaft, lebenslanges und lebensweites Lernen sowie Vernetzung in Gesellschaft und Natur bieten Ansatzpunkte für ein insgesamt zukunftsorientiert vernetztes Denken, Fühlen und Handeln. Es kommt darauf an **einfach anzufangen** und zwar **am besten bei sich selber** und **am besten jetzt.**

Was Sie aus diesem *essential* mitnehmen können

- Komprimierte Strukturen zur Einordnung der Entwicklungen rund um nachhaltige Entwicklung, Digitalisierung und hiermit verbundene dringliche Handlungsfelder
- Überlegungen zu Strategischer Mensch-Maschine-Partnerschaft, lebenslangem und lebensweitem Lernen, Exzellenz in Lehre und Lernen sowie Vernetzung in Gesellschaft und Natur als Basis für zukunftsorientiert vernetztes Denken, Fühlen und Handeln

© Springer Fachmedien Wiesbaden GmbH, ein Teil von Springer Nature 2020
R. Deckert, *Digitalisierung und nachhaltige Entwicklung*, essentials,
https://doi.org/10.1007/978-3-658-30585-7

Literatur

Acatech. (2015). Smart Service Welt – Internetbasierte Dienste für die Wirtschaft. https://www.acatech.de/projekt/smart-service-welt/. Zugegriffen: 24. Nov. 2019.

Altmaier, P., & BJDW – Beirat für Junge Digitale Wirtschaft (2019). Die zweite Welle der Digitalisierung ist Europas Chance. Handelsblatt. https://www.handelsblatt.com/meinung/gastbeitraege/gastkommentar-die-zweite-welle-der-digitalisierung-ist-europas-chance/25160092.html. Zugegriffen: 24. Nov. 2019.

Anderson, T., & Dron, J. (2011). Three generations of distance education pedagogy. *International Review of Research in Open and Distributed Learning (IRRODL), 12*(3), 80–97.

Aoun, J. E. (2017). *Robot-proof – Higher education in the age of artificial intelligence.* Cambridge: MIT Press.

Ashton, K. (2009). That 'Internet of Things' thing – In the real world, things matter more than ideas. *RFID Journal.* http://www.rfidjournal.com/articles/view?4986. Zugegriffen: 24. Nov. 2019.

Balakrishnan, H. (2012). Lecture 23: A brief history of the internet. Introduction to EECS II: Digital communication systems. Fall 2012. MITOPENCOURSEWARE. https://ocw.mit.edu/courses/electrical-engineering-and-computer-science/6-02-introduction-to-eecs-ii-digital-communication-systems-fall-2012/lecture-videos/lecture-23-a-brief-history-of-the-internet/. Zugegriffen: 24. Nov. 2019.

Bauer, W., Schlund, S., Marrenbach, D., & Ganschar, O. (2014). Industrie 4.0 – Volkswirtschaftliches Potenzial für Deutschland – Studie. In BITKOM, Das Fraunhofer-Institut für Arbeitswirtschaft und Organisation IAO (Hrsg.). https://www.ipa.fraunhofer.de/content/dam/ipa/de/documents/UeberUns/Leitthemen/Industrie40/Studie_Vokswirtschaftliches_Potenzial.pdf. Zugegriffen: 24. Nov. 2019.

Bendel, O. (2019). Industrie 4.0. Gabler Wirtschaftslexikon. https://wirtschaftslexikon.gabler.de/definition/industrie-40-54032. Zugegriffen: 24. Nov. 2019.

Bostrom, N. (2014). *Superintelligence – Paths, dangers, strategies.* Oxford: University Press.

Broussard, M. (2018). *Artificial unintelligence – How computers misunderstand the world.* Cambridge: MIT Press.

© Springer Fachmedien Wiesbaden GmbH, ein Teil von Springer Nature 2020   41
R. Deckert, *Digitalisierung und nachhaltige Entwicklung,* essentials,
https://doi.org/10.1007/978-3-658-30585-7

Brynjolfsson, E., & McAfee, A. (2017). The business of artificial intelligence, What it can – And cannot – Do for your organization. *Harvard Business Review.* https://hbr.org/cover-story/2017/07/the-business-of-artificial-intelligence Zugegriffen: 1. Juli 2018.

Buxmann, P., & Schmidt, H. (2019). Grundlagen der Künstlichen Intelligenz und des Maschinellen Lernens. In P. Buxmann & H. Schmidt (Hrsg.), *Künstliche Intelligenz – Mit Algorithmen zum wirtschaftlichen Erfolg* (S. 3–20). Berlin: Springer Gabler.

Campbell, K., & Schwier, R. A. (2014). Major movements in instructional design. In O. Zawacki-Richter & T. Anderson (Hrsg.), *Online distance education* (S. 345–380). Athabasca University Press. https://doi.org/10.15215/aupress/9781927356623.01. Zugegriffen: 27. Nov. 2019.

Carlowitz, H. C. von (1713). *Sylvicultura Oeconomica, Oder Haußwirthliche Nachricht und Naturmäßige Anweisung Zur Wilden Baum-Zucht.* Leipzig: J. Fr. Braun Erben. http://digital.slub-dresden.de/werkansicht/dlf/85039/127/0/. Zugegriffen: 24. Nov. 2019.

Carnegie Mellon University (Hrsg.) (2005). CMU SCS coke machine. https://www.cs.cmu.edu/~coke/. Zugegriffen: 24. Nov. 2019.

Davenport, T. H. (2016). Rise of the strategy machines. *MIT sloan management review,* Special Collection (Fall 2016), 22–23. http://marketing.mitsmr.com/offers/FR2016/MITSMR-Frontiers-collection.pdf. Zugegriffen: 23. Nov. 2019.

Deckert, R. (2006). *Steuerung von Verwaltungen über Ziele – Konzeptionelle Grundlagen unter besonderer Berücksichtigung des Neuen Steuerungsmodells.* Dissertation, Universität Hamburg, Hamburg. https://ediss.sub.uni-hamburg.de/volltexte/2006/2789/pdf/DISSRD.pdf. Zugegriffen: 24. Nov. 2019.

Deckert, R. (2019a). *Digitalisierung und Industrie 4.0 – Technologischer Wandel und individuelle Weiterentwicklung.* Wiesbaden: Springer Gabler.

Deckert, R. (2019b). Exzellenz in Lehre und Lernen, Forschung und Transfer. https://entfaltungsagentur.files.wordpress.com/2019/12/exzellenz_in_lehre_lernen_forschung_wissenstransfer_2019.pdf. Zugegriffen: 1. Dez. 2019.

Deckert, R. (2019c). Strategielücke als Digitalisierungshindernis in der öffentlichen Verwaltung? – Strategische Mensch-Maschine-Partnerschaft als Zukunftsbild. In A. Schmid (Hrsg.), *Verwaltung, eGovernment und Digitalisierung – Grundlagen, Konzepte und Anwendungsfälle* (S. 89–100). Wiesbaden: Springer Vieweg.

Deckert, R., & Günther, A. (2018). *Digitalisierung und Industrie 4.0 – Eine Einführung zu ausgewählten neueren Entwicklungen in Wirtschaft und Gesellschaft.* Digitaler HTML5-Studienbrief, HFH Hamburger Fern-Hochschule. http://digitale-skripte.hfh-fernstudium.de/GBW/GBW005.html. Zugegriffen: 24. Nov. 2019.

Deckert, R., & Langer, A. (2018). Digitalisierung und Technisierung sozialer Dienstleistungen. In A. Langer & K. Grundwald (Hrsg.), *Sozialwirtschaft – Handbuch für Wissenschaft und Praxis* (S. 872–889). Baden-Baden: Nomos.

Deckert, R., & Metz, M. (2020). Noch unveröffentlichtes Manuskript [in Bearbeitung].

Deckert, R., & Saß, A. (2020). *Digitalisierung und Energiewirtschaft – Technologischer Wandel und wirtschaftliche Entwicklung.* Wiesbaden: Springer Gabler.

Deckert, R., Günther, A., & Metz. M. (2018). *Die Big Five der Flexibilität im (Fern-) Studium: Zeit, Ort, Inhalt, Methode und Struktur – Ein Beitrag zur Systematisierung.* Diskussionsbeiträge Fachbereich Technik, HFH Hamburger Fern-Hochschule, Nr. 2/2018. https://digitale-skripte.hfh-fernstudium.de/diskussionsbeitraege/html/T-18-02/T-18-02.html. Zugegriffen: 27. Nov. 2019.

Deckert, R., Metz, M., & Günther, A. (2019a). Strategische Mensch-Maschine-Partnerschaft – Begriffs- und Bedeutungskategorien ausgehend von Digitalisierung, nachhaltiger Entwicklung und weiteren Kontexten. Diskussionsbeiträge Fachbereich Technik, HFH Hamburger Fern-Hochschule, ISSN 2629–5482, Nr. 5/2019. https://www.researchgate.net/publication/336471430_Strategische_Mensch-Maschine-Partnerschaft_-_Begriffs-_und_Bedeutungskategorien_ausgehend_von_Digitalisierung_nachhaltiger_Entwicklung_und_weiteren_Kontexten. Zugegriffen: 24. Nov. 2019.

Deckert, R., Günther, A., & Metz, M. (2019b). *Interaktives #Lerndesign innovativ gestalten – Verknüpfungen von Online- und Präsenz-Lehr-/Lernelementen mit Lehr-/Lerntext.* Diskussionsbeiträge Fachbereich Technik, HFH Hamburger Fern-Hochschule, Nr. 4/2019. http://digitale-skripte.hfh-fernstudium.de/diskussionsbeitraege/html/T-19-04/T-19-04.html. Zugegriffen: 27. Nov. 2019.

Deckert, R., Heymann, F., & Metz, M. (2019). Game-based Learning as education method in the digital age – Experiences at the highest military education institution in Germany with online and offline game formats related to developing competencies. In A. Altmann, B. Ebersberger, C. Mössenlechner, & D. Wieser (Hrsg.), *The disruptive power of online education: Challenges, opportunities, responses* (S. 185–204). Emerald Publishing: Bingley.

Dengler, K., & Matthes, B. (2015). Folgen der Digitalisierung für die Arbeitswelt, IAB-Forschungsbericht 11/2015. http://doku.iab.de/forschungsbericht/2015/fb1115.pdf. Zugegriffen: 24. Nov. 2019.

De Wit, B., & Meyer, R. (2014). *Strategy – An international perspective* (5. Aufl.). Singapore: Seng Lee Press.

Dodds, P. S., Muhamad, R., & Watts, D. J. (2003). An experimental study of search in global social networks. *Science, 301*(5634), 827–829.

Dorst, K. (2015). Frame creation and design in the expanded field. *She Ji: The Journal of Design, Economics, and Innovation, 1*(1), 22–33. https://doi.org/10.1016/j.sheji.2015.07.003. Zugegriffen: 27. Nov. 2019.

Europäische Kommission. (2019). Ethics guidelines for trustworthy AI. https://ec.europa.eu/futurium/en/ai-alliance-consultation. Zugegriffen: 24. Nov. 2019.

Foit, D. (2018). „Industrie 4.0" und Nachhaltigkeit – Digitalisierung als Teil der „Großen Transformation"? DISKUSSIONSPAPIER. https://wiwi.uni-paderborn.de/fileadmin/dep11s2/PDF_Dokumente/Diskussionspapier_DigitalisierungUndNE.pdf. Zugegriffen: 23. Nov. 2019.

Forschungsunion Wirtschaft und Wissenschaft. (Hrsg.). (2013). Perspektivenpapier der Forschungsunion – Wohlstand durch Forschung – Vor welchen Aufgaben steht Deutschland? https://www.fraunhofer.de/content/dam/zv/de/publikationen/Studien/Perspektivenpapier_der_Forschungsunion_2013.pdf. Zugegriffen: 24. Nov. 2019.

Frey, C. B., & Osborne, M. A. (2013). The future of employment: How susceptible are jobs to computerization? University of Oxford. http://www.oxfordmartin.ox.ac.uk/downloads/academic/The_Future_of_Employment.pdf. Zugegriffen: 24. Nov. 2019.

Harlizius-Klück, E. (2014). „Der Webstuhl ist die älteste digitale Maschine" – Interview mit Ellen Harlizius-Klück zum Projekt „Weaving Codes – Coding Weaves". L.I.S.A. Wissenschaftsportal Gerda Henkel Stiftung. Georgios Chatzoudis. https://lisa.gerda-henkel-stiftung.de/der_webstuhl_ist_die_aelteste_digitale_maschine?nav_id=5139. Zugegriffen: 24. Nov. 2019.

Hellige, H. D. (2003). Technikprognosen und Technikentwicklung in der Kommunikations- und Informationstechnik: Ein Rückblick auf die letzten 50 Jahre. Vortrag bei der Tagung der Informationstechnischen Gesellschaft des VDE und der Alcatel-Stiftung. https://www.uni-bremen.de/fileadmin/user_upload/sites/artec/Publikationen/Mitglieder/Hellige_2003_Technikprognosen-ITG-Vortrag.pdf. Zugegriffen: 24. Nov. 2019.

Hochschulforum Digitalisierung. (2016). The Digital Turn – Hochschulbildung im digitalen Zeitalter. Arbeitspapier Nr. 27. Berlin: Hochschulforum Digitalisierung. https://hochschulforumdigitalisierung.de/sites/default/files/dateien/Abschlussbericht.pdf. Zugegriffen: 24. Nov. 2019.

Hsu, J. (2019). Humans Fold: AI Conquers Poker's Final Milestone – A new program outperforms professionals in six-player games. Could business, political or military applications come next? Scientific American. July 11, 2019. https://www.scientificamerican.com/article/ai-conquers-six-player-poker/. Zugegriffen: 24. Nov. 2019.

Hüther, G. (2011). Könnten wir anders sein – Ist eine mentale Umprägung möglich? Vortrag. Zweite Konferenz des Denkwerks Zukunft „Weichen stellen. Wege zu zukunftsfähigen Lebensweisen". http://www.denkwerkzukunft.de/konferenz/2011/huether/. Zugegriffen: 23. Nov. 2019.

Hüther, G. (2018). Ein irrwitziger Traum, der wahr geworden ist. In G. Hüther, S. O. Müller, & N. Bauer (Hrsg.), *Wie Träume wahr werden – Das Geheimnis der Potenzialentfaltung* (S. 35–41). München: Goldmann.

Initiative D21. (2018). D21 Digital Index 2017/2018 – Jährliches Lagebild zur Digitalen Gesellschaft, Studie der Initiative D21 durchgeführt von Kantar TNS. https://initiatived21.de/app/uploads/2018/01/d21-digital-index_2017_2018.pdf. Zugegriffen: 24. Nov. 2019.

Initiative D21. (2019). D21 Digital Index 2018/2019 – Jährliches Lagebild zur Digitalen Gesellschaft, Studie der Initiative D21 durchgeführt von Kantar TNS. https://initiatived21.de/app/uploads/2019/01/d21_index2018_2019.pdf. Zugegriffen: 24. Nov. 2019.

IPBES. (2019). Summary for policymakers of the global assessment report on biodiversity and ecosystem services of the Intergovernmental Science-Policy Platform on Biodiversity and Ecosystem Services. https://www.ipbes.net/system/tdf/ipbes_7_10_add.1_en_1.pdf?file=1&type=node&id=35329. Zugegriffen: 24. Nov. 2019.

IPCC. (2014). Klimaänderung 2014: Synthesebericht. In R. Hauptautoren, K. Pachauri, & L. A. Meyer (Hrsg.), *Beitrag der Arbeitsgruppen I, II und III zum Fünften Sachstandsbericht des Zwischenstaatlichen Ausschusses für Klimaänderungen (IPCC). Genf: IPCC.* Bonn: Deutsche Übersetzung durch Deutsche IPCC-Koordinierungsstelle, 2016. http://www.de-ipcc.de/media/content/IPCC-AR5_SYR_barrierefrei.pdf. Zugegriffen: 24. Nov. 2019.

IPCC. (2018). Zusammenfassung für politische Entscheidungsträger. In V. Masson-Delmotte, P. Zhai, H. O. Pörtner, D. Roberts, J. Skea, P. R. Shukla, A. Pirani, W. Moufouma-Okia, C. Péan, R. Pidcock, S. Connors, J. B. R. Matthews, Y. Chen, X. Zhou, M. I. Gomis, E. Lonnoy, T. Maycock, M. Tignor, & T. Waterfield (Hrsg.), *1,5 °C globale Erwärmung. Ein IPCC-Sonderbericht über die Folgen einer globalen Erwärmung um 1,5 °C gegenüber vorindustriellem Niveau und die damit verbundenen globalen Treibhausgasemissionspfade im Zusammenhang mit einer Stärkung der weltweiten Reaktion auf die Bedrohung durch den Klimawandel, nachhaltiger Entwicklung und Anstrengungen zur Beseitigung von Armut.* World Meteorological Organization, Genf, Schweiz. Deutsche Übersetzung auf Basis der Version vom 14.11.2018. Deutsche IPCC-Koordinierungsstelle, ProClim/SCNAT, Österreichisches Umweltbundesamt, Bonn/Bern/Wien, November 2018. https://www.de-ipcc.de/media/content/SR1.5-SPM_de_barrierefrei.pdf. Zugegriffen: 24. Nov. 2019.

Jordan, M. I. (2019). Artificial intelligence – The revolution hasn't happened yet. *Harvard Data Science Review (HDSR),* (1). https://hdsr.mitpress.mit.edu/pub/wot7mkc1. Zugegriffen: 24. Nov. 2019.

Kagermann, H., Lukas, W.-D., & Wahlster, W. (2011). Industrie 4.0: Mit dem Internet der Dinge auf dem Weg zur 4. industriellen Revolution. In *VDI-Nachrichten. April 2011.* http://www.vdi-nachrichten.com/Technik-Gesellschaft/Industrie-40-Mit-Internet-Dinge-Weg-4-industriellen-Revolution. Zugegriffen: 24. Nov. 2019.

Kagermann, H., Wahlster, W., & Helbig, J. (Hrsg.) (2013). *Umsetzungsempfehlungen für das Zukunftsprojekt Industrie 4.0: Deutschlands Zukunft als Produktionsstandort sichern. Abschlussbericht des Arbeitskreises Industrie 4.0.* Berlin: Frankfurt Main. https://www.bmbf.de/files/Umsetzungsempfehlungen_Industrie4_0.pdf. Zugegriffen: 24. Nov. 2019.

Kane, G. C., Palmer, D., Phillips, A. G., Kiron, D., & Buckle, N. (2015). *Strategy, not technology, drives digital transformation – Becoming a digitally mature enterprise. MIT Sloan Management Review. Research Report.* In Collaboration with Deloitte University Press. Summer 2015.

Katzenbach, C. (2018). Die Regeln digitaler Kommunikation – Governance zwischen Norm, Diskurs und Technik. In A. Hepp, F. Krotz, W. Vogelsang, & M. Hartmann (Hrsg.), *Reihe „Medien · Kultur · Kommunikation".* Wiesbaden: Springer.

Krömker, D. (2009). Human Computer Interaction. Gestaltung und Implementierung effektiver und effizienter Benutzungsschnittstellen. http://www.gdv.informatik.uni-frankfurt.de/lehre/ws2009/HCI/HCI_WS0910_V0.pdf. Zugegriffen: 27. Nov. 2019.

Lange, G. (2018). 100 Jahre DAA-Technikum – Techniker werden mit Fernunterricht. In Rudolf Helfrich (Hrsg.), *DAA-Stiftung Bildung und Beruf.* Hamburg: b+r Verlag.

Lange, S., & Santarius, T. (2018). *Smarte Grüne Welt? Digitalisierung zwischen Überwachung, Konsum und Nachhaltigkeit.* München: oekom.

Lange, S., & Santarius, T. (2019). Digital Literacy für die sozial-ökologische Transformation, Synergie, Fachmagazin für Digitalisierung in der Lehre. Universität Hamburg, #07, S. 22–25. https://synergie.blogs.uni-hamburg.de/ausgabe07-beitrag-lange-santarius/. Zugegriffen: 27. Nov. 2019.

Leinfelder, R. (2019). Reinhold Leinfelder im Gespräch mit Michael Köhler (Podcast) zu Reinhold Leinfelder über das Anthropozän – Der Mensch als geologischer Faktor. https://www.deutschlandfunk.de/reinhold-leinfelder-ueber-das-anthropozaen-der-mensch-als.691.de.html?dram:article_id=453824. Zugegriffen: 24. Nov. 2019.

Lesch, H., & Kamphausen, K. (2018). *Wenn nicht jetzt, wann dann? – Handeln für eine Welt, in der wir leben wollen.* München: Penguin.

Lübbecke, M. (2015). Industrie 5.0. https://mluebbecke.wordpress.com/2015/12/16/industrie-5-0/. Zugegriffen: 24. Nov. 2019.

Ludwig, T. (2015). Citizen Science – Big Data und Natürliche Intelligenz. Vortrag am 10.10.2015. Vorveranstaltung zum Ball der Universität Hamburg 2015.

Meadows, D. H., Meadows, D. L., Randers, J., & Behrens, W. W. (1972). *The limits to growth A report for THE CLUB OF ROME's project on the predicament of mankind.* New York: Universe Books. http://www.donellameadows.org/wp-content/userfiles/Limits-to-Growth-digital-scan-version.pdf. Zugegriffen: 24. Nov. 2019.

Meltzoff, A. N., Kuhl, P. K., Movellan, J., & Sejnowski, T. J. (2009). Foundations of a new science of learning. *Science, 325*(5938), 284–288.

Müller, S. O. (2018). Einfach loslegen. In G. Hüther, S. O. Müller, & N. Bauer (Hrsg.), *Wie Träume wahr werden – Das Geheimnis der Potenzialentfaltung* (S. 57–63). München: Goldmann.

Nassehi, A. (2019). Ein Schirm über jedem. Das Magazin 1.19. Stuttgart: Robert Bosch Stiftung. S. 18–19. https://www.bosch-stiftung.de/sites/default/files/_deleted/publications/pdf/2019-07/Magazin%20W%C3%BCrde_0119_Einzelseiten.pdf. Zugegriffen: 24. Nov. 2019.

Nicolai, A. T., & Schuster, C. L. (2018). Digitale transformation. *WiSt – Wirtschaftswissenschaftliches Studium – Zeitschrift für Studium und Forschung, 18*(1), 15–21.

ÖAW – Österreichische Akademie der Wissenschaften. (2019). „KI WIRD ALLE BEREICHE DES LEBENS UMKREMPELN". https://www.oeaw.ac.at/detail/news/ki-wird-alle-bereiche-des-lebens-umkrempeln/. Zugegriffen: 24. Nov. 2019.

OECD. (2019). Wireless mobile broadband subscriptions (indicator). https://data.oecd.org/broadband/wireless-mobile-broadband-subscriptions.htm. Zugegriffen: 24. Nov. 2019.

O'Neil, C., & Schutt, R. (2014). *Doing data science straight talk from the frontline* (3. Aufl.). Sebastopol: O'Reilly Media.

PIK – Potsdam-Institut für Klimafolgenforschung. (2015). Vier von neun „planetaren Grenzen" bereits überschritten. https://www.pik-potsdam.de/aktuelles/pressemit-teilungen/vier-von-neun-planetaren-grenzen201d-bereits-ueberschritten. Zugegriffen: 24. Nov. 2019.

Randers, J. (2012). *2052 – A global forecast for the next forty years, a report to the club of Rome Comemorating the 40th anniversary of the limits to growth.* Vermont: Chelsea Green Publishing.

Scharmer, O. (2018a). Education is the kindling of a flame: How to reinvent the 21st-century university. Huffpost. https://www.huffingtonpost.com/entry/education-is-the-kindling-of-a-flame-how-to-reinvent_us_5a4ffec5e4b0ee59d41c0a9f. Zugegriffen: 23. Nov. 2019.

Scharmer, O. (2018b). *The essentials of theory U – Core principles and appications.* Oakland: Berrett-Koehler.

Schellnhuber, H. J., Rahmstorf, S., & Winkelmann, R. (2016). Why the right climate target was agreed in Paris. *Nature Climate Change, 6*(7), 649. http://www.pik-potsdam.de/~ricardaw/publications/schellnhuber_rahmstorf16.pdf. Zugegriffen: 24. Nov. 2019.

Schuh, G., et al. (2017). Geschäftsmodell-Innovation. In G. Reinhart (Hrsg.), *Handbuch Industrie 4.0 – Geschäftsmodelle, Prozesse, Technik* (S. 3–29). München: Hanser.

Schweppenhäuser, G. (2016). *Designtheorie.* Wiesbaden: Springer Gabler.

Seifert, I., Bürger, M., Wangler, L., Christmann-Budian, S., Rohde, M., Gabriel, P., & Zinke, G. (2018). *Potenziale der Künstlichen Intelligenz im produzierenden Gewerbe in Deutschland. Begleitforschung PAiCE.* Berlin: IIT-Institut für Innovation und Technik in der VDI/VDE Innovation + Technik GmbH. https://www.bmwi.de/Redaktion/DE/Publikationen/Studien/potenziale-kuenstlichen-intelligenz-im-produzierenden-gewerbe-in-deutschland.pdf. Zugegriffen: 24. Nov. 2019.

Shannon, C. E. (1948). A mathematical theory of communication. Reprinted with corrections from The Bell System Technical Journal 27, July, October, 379–423, 623-656. http://math.harvard.edu/~ctm/home/text/others/shannon/entropy/entropy.pdf. Zugegriffen: 24. Nov. 2019.

Siemens, G. (2006). Connectivism: A learning theory for the digital age. *The Distance, 15*(1), 1, 14–18. https://www.academia.edu/2856996/The_Distance. Zugegriffen: 22. Apr. 2020.

Spice, B. (2017). Carnegie mellon artificial intelligence beats top poker pros—Historic win at rivers Casino is first against best human players. www.cmu.edu/news/stories/archives/2017/january/AI-beats-poker-pros.html. Zugegriffen: 24. Nov. 2019.

Steffen, W., Richardson, K., Rockström, J., Cornell, S. E., Fetzer, I., Bennett, E. M., Biggs, R., Carpenter, S. R., De Vries, W., De Wit, C. A., Folke, C., Gerten, D., Heinke, J., Mace, G. M., Persson, L. M., Ramanathan, V., Reyers, B., & Sörlin, S. (2015). Planetary boundaries: Guiding human development on a changing planet. *Science, 347*(736), 1259855. https://science.sciencemag.org/content/347/6223/1259855. Zugegriffen: 24. Nov. 2019.

Stifterverband für die Deutsche Wissenschaft. (Hrsg.). (2016). Hochschulbildung für die Arbeitswelt 4.0, Hochschulbildungsreport 2020. Jahresbericht 2016, in Kooperation mit McKinsey & Company. http://www.stifterverband.org/download/file/fid/1720. Zugegriffen: 27. Nov. 2019.

Stifterverband für die Deutsche Wissenschaft. (Hrsg.) (2019). Für morgen befähigen. Hochschul-Bildungs-Report 2020. Jahresbericht 2019, in Kooperation mit McKinsey & Company. https://www.stifterverband.org/download/file/fid/7803. Zugegriffen: 30. Nov. 2019.

Travers, J., & Milgram, S. (1969). An experimental study of the small world problem. *Sociometry, 32*(4), 425–443. https://snap.stanford.edu/class/cs224w-readings/travers69smallworld.pdf. Zugegriffen: 24. Nov. 2019.

UN Secretary-General's High-level Panel on Digital Cooperation. (2019). The age of digital interdependence – Report of the UN Secretary-General's High-Level Panel on Digital Cooperation. https://digitalcooperation.org/wp-content/uploads/2019/06/DigitalCooperation-report-web-FINAL-1.pdf. Zugegriffen: 24. Nov. 2019.

United Nations. (2016). Nearly 47 per cent of global population now online – UN report. https://news.un.org/en/story/2016/09/539112-nearly-47-cent-global-population-now-online-un-report. Zugegriffen: 24. Nov. 2019.

United Nations. (2018). Internet milestone reached, as more than 50 per cent go online: UN telecoms agency. https://news.un.org/en/story/2018/12/1027991. Zugegriffen: 24. Nov. 2019.

Wahlster, W. (2017). Künstliche Intelligenz für den Menschen: Digitalisierung mit Verstand. http://www.uni-mainz.de/downloads_presse/freunde_stiftungsprofessur2017_expose.pdf. Zugegriffen: 24. Nov. 2019.

WBGU – Wissenschaftlicher Beirat der Bundesregierung Globale Umweltveränderungen. (2019). Unsere gemeinsame digitale Zukunft. Hauptgutachten. Berlin: WBGU. https://www.wbgu.de/fileadmin/user_upload/wbgu/publikationen/hauptgutachten/hg2019/pdf/wbgu_hg2019.pdf. Zugegriffen: 24. Nov. 2019.

Willcox, K. E., Sarma., S., & Lippel, P. H. (2016). *Online education: A catalyst for higher education reforms*. MIT Massachusetts Institute of Technology ONLINE EDUCATION

POLICY INITIATIVE. FINAL REPORT. https://oepi.mit.edu/files/2016/09/MIT-Online-Education-Policy-Initiative-April-2016.pdf. Zugegriffen: 27. Nov. 2019.

Wissenschaftsrat. (Hrsg.). (2015). Zum wissenschaftspolitischen Diskurs über große gesellschaftliche Herausforderungen – Positionspapier. Drs. 4594-15. Verabschiedet in Stuttgart, April 2015. https://www.wissenschaftsrat.de/download/archiv/4594-15.pdf. Zugegriffen: 23. Nov. 2019.

Wissenschaftsrat. (Hrsg.). (2018). Perspektiven der Psychologie in Deutschland. Drs. 6825-18. Köln, Januar 2018. https://www.wissenschaftsrat.de/download/archiv/6825-18.pdf. Zugegriffen: 24. Nov. 2019.

Wunder, T. (2019). Mindsets for linking strategy and sustainability: Planetary boundaries, social foundations, and sustainable strategizing. In T. Wunder (Hrsg.), *Rethinking strategic management. CSR, Sustainability, Ethics & Governance* (S. 1–40). Cham: Springer. https://link.springer.com/chapter/10.1007/978-3-030-06014-5_1. Zugegriffen: 24. Nov. 2019.

Zuse, H. (2019). Konrad Zuse's Homepage. http://www.horst-zuse.homepage.t-online.de/konrad-zuse.html. Zugegriffen: 24. Nov. 2019.